ケーススタディ
職場のLGBT

セクシュアル・マイノリティ

場面で学ぶ
正しい理解と
適切な対応

弁護士 **寺原真希子** ［編集代表］
弁護士法人 **東京表参道法律事務所** ［編著］

ぎょうせい

はじめに

　本書は，筆者らが相談を受けた実際の事案等を通じて目の当たりにしてきたセクシュアル・マイノリティの人々の切実な苦悩と，筆者らが行ってきた「LGBTと企業の対応」をテーマとする企業研修等を通じて浮かび上がった職場におけるセクシュアル・マイノリティ対応を進める際の道しるべが欲しいという企業側のニーズを踏まえ，その両者にとって一助となればとの思いから執筆したものです。

　具体的には，第1章において，用語・概念，法制度，訴訟事例といった基礎知識を押さえた上で，第2章において，職場におけるセクシュアル・マイノリティ対応の必要性や具体的対応内容を整理し，第3章及び第4章において，社内の各種場面（採用，人事，服務規律，ハラスメント，アウティング，福利厚生，相談窓口等）及び業種ごとのケーススタディという形で，法的観点及び現実的対応の両面から具体的な対応策ないし方向性を示しました。さらに，第5章においては，セクシュアル・マイノリティ対応を進めるために必要な社内諸規程の改定文言のサンプルを挙げています。

　2017年2月には公益社団法人経済同友会が「LGBTに対応する施策」に関するアンケート結果を公表し，同年5月には一般社団法人日本経済団体連合会がセクシュアル・マイノリティ対応について提言を行うなど，職場におけるセクシュアル・マイノリティ対応の必要性は，業界全体において共有されつつあります。

　自治体においても，取引先に対して性的指向や性自認に基づく差別禁止を明示的に求めるところが現れ，また，東京オリンピック・パラリンピック競技大会組織委員会が策定した「調達コード」（東京オリンピック・パラリンピックに関係する物品やサービスなどをどこから調達するかというガイドライン）においても，性的指向や性自認に基づく差別禁

止が明示され，これを遵守している企業からしか調達を行わないこととされています。さらに，2018年10月，東京都は，都民や事業者に対して性自認及び性的指向を理由とする差別を禁止する内容の条例を成立させました。

　企業によるセクシュアル・マイノリティ対応は，「望ましい」というレベルではなく，企業として存続していく上で「必要」なものであるとの認識が必要です。

　企業は社員によって構成され，またその業務は取引先・顧客・消費者・株主等との関係性の中で行われるものです。これらの人々の個性・特性は，基本的な人権として尊重されなければなりません。職場におけるセクシュアル・マイノリティへの具体的な取組みは，セクシュアル・マイノリティの社員にとって極めて重要であるだけでなく，その他の社員・取引先・顧客等からの信頼確保，企業価値の向上，法的リスク回避といった観点からも急務といえます。

　セクシュアル・マイノリティの人々にとって過ごしやすい社会は，憲法13条が保障する個人の尊重が実現されているという意味において，それ以外の人々にとっても過ごしやすい社会であるはずです。セクシュアリティ（性のあり方）にかかわらず，個々人が自分らしく生き，働くことができる社会へと着実に近付いていくことが筆者らの願いであり，そのために本書が役立つことがあれば幸いです。

　なお，本書のタイトルにおいては「LGBT」という用語を使用していますが，L・G・B・Tに属さない人々も疑義なく含むべく，本書内では，基本的に，「セクシュアル・マイノリティ」という用語を使用します。

2018年10月
　　　弁護士法人東京表参道法律事務所　共同代表弁護士　**寺原 真希子**

目次

第1章 基礎知識

第1 用語・概念 ―― 2
1 性の構成要素　2
2 LGBTとは　5
3 その他の用語・概念　6

第2 数的割合 ―― 8

第3 セクシュアル・マイノリティを取り巻く環境 ―― 9
1 差別・偏見の根深さ　9
2 自殺念慮率の高さ　10
3 人権教育の不足　10

第4 日本の法制度・施策と海外の動向 ―― 12
1 性同一性障害者の性別の取扱いの特例に関する法律　12
2 国の施策　13
3 地方自治体の動き　15
4 海外の法制度　17
5 国連からの勧告　18

第5 訴訟事例 ―― 19
1 性自認に関する裁判例　19
2 性的指向に関する裁判例　21

第2章 職場におけるセクシュアル・マイノリティ対応

第1 職場の現状 ―― 24
1 ハラスメント・差別的取扱い　24
2 企業による取組みの実態　28

第2 セクシュアル・マイノリティ対応の必要性 ―― 31
1 個人・多様性の尊重　31
2 社員との信頼関係　31
3 取引先・顧客・消費者・株主との信頼関係　32

4 訴訟リスク 33
  第3 セクシュアル・マイノリティ対応の具体的内容 ――――― 34
    1 社内規程の策定・周知・公表 34
    2 社内教育 34
    3 相談窓口の整備 37
    4 労務管理の各場面における対応 38

第3章 社内Q&A

  第1 採 用 ――――――――――――――――――――――― 40
    Q1【採用時のセクシュアリティ確認の可否】 40
    Q2【性自認を理由とする内定取消しの可否】 44
    Q3【同性社員への愛情表現を理由とする本採用拒否の可否】 49
    Q4【トランスジェンダーであることの社内共有の可否】 52
    COLUMN セクシュアル・マイノリティを積極的に採用する取組みについて 55
  第2 人 事 ――――――――――――――――――――――― 56
    Q5【自認する性別に基づく髪型・服装を理由とする配置転換の可否】 56
    Q6【同性パートナーの介護を理由とする転勤拒否の可否】 60
    Q7【同性愛者であることに起因する事情を人事評価に
        反映させることの可否】 65
    Q8【性同一性障害の社員のうつ病を理由とする解雇の可否】 69
  第3 服務規律 ――――――――――――――――――――――― 72
    Q9【戸籍上の性別の不申告を理由とする懲戒処分の可否】 72
    Q10【自認する性別に基づく名前の使用の可否】 74
    Q11【自認する性別に基づく服装・髪型の可否】 78
    Q12【自認する性別に基づくトイレ・更衣室利用の可否】 84
    Q13【社員によるSNS上の差別的発言への対応】 89
    Q14【同性社員間の恋愛トラブルに対する特別対応の要否】 95
    Q15【同性愛者への偏見に基づく苦情への対応方法】 98
  第4 ハラスメント ――――――――――――――――――――― 102
    Q16【宴会における女装芸のセクシュアル・ハラスメント該当性】 102

Q17【性的指向への偏見に基づく発言のセクシュアル・ハラスメント
　　　　　該当性①】　109
　　　Q18【性的指向への偏見に基づく発言のセクシュアル・ハラスメント
　　　　　該当性②】　113
　　　Q19【言論の自由を理由とするハラスメント正当化の可否】　117
第5　アウティング ─────────────────────── 120
　　　Q20【カミングアウトされた内容を第三者に話すことの可否】　120
第6　福利厚生 ─────────────────────── 123
　　　Q21【性別適合手術を理由とする傷病休暇の可否】　123
　　　Q22【同性カップルへの家族手当・社宅付与の可否】　127
　　　Q23【同性パートナー又はその子のための介護休業・育児休業の可否】　132
COLUMN　退職金の支払先　136
第7　下請・派遣 ───────────────────── 138
　　　Q24【性別適合手術を理由とする下請け解除の可否】　138
　　　Q25【性自認を理由とする派遣交代の可否】　142
第8　相談窓口 ─────────────────────── 145
　　　Q26【社内に相談窓口を設けるにあたって】　145

第4章　業界Q&A

第1　保　険 ──────────────────────── 148
　　　Q1【保険受取人を同性パートナーに変更することの可否】　148
第2　介護施設 ─────────────────────── 151
　　　Q2【同性パートナーを身元引受人とする介護施設入所申込みの可否】　151
第3　葬　儀 ──────────────────────── 154
　　　Q3【同性パートナーに対する遺骨引渡しの可否】　154
第4　結婚式場 ─────────────────────── 157
　　　Q4【同性カップルであることを理由とする結婚式拒絶の可否】　157
第5　ゴルフクラブ ───────────────────── 162
　　　Q5【トランスジェンダーであることを理由とする
　　　　　ゴルフクラブ入会申込拒絶の可否】　162

第6 フィットネスクラブ ―――――――――――――――― 168
 Q6【自認する性別に基づくフィットネスクラブ更衣室等利用の可否】 168
 Q7【フィットネスクラブの同性会員間のトラブル対応時の留意点】 171

第7 不動産 ――――――――――――――――――――――― 174
 Q8【トランスジェンダーであることを理由とする不動産賃貸仲介拒否の可否】 174
 Q9【同性カップルであることを理由とする退去要求の可否】 177
COLUMN　女性専用マンション　180

第8 ホテル ――――――――――――――――――――――― 181
 Q10【同性カップルであることを理由とする宿泊拒否の可否】 181
COLUMN　時間制入浴施設　185

第9 学　校 ――――――――――――――――――――――― 186
 Q11【自認する性別に基づく学校での制服着用・髪型の可否】 186
 Q12【性同一性障害の生徒の女子学生寮への入寮の可否】 192
 Q13【同性愛の生徒の登校拒否に対する学校の責任の有無】 196

第10 金　融 ―――――――――――――――――――――― 199
 Q14【同性パートナーによる取引履歴開示請求の可否】 199
COLUMN　通称名での銀行口座の開設　201

第11 病　院 ―――――――――――――――――――――― 203
 Q15【同性パートナーによる手術同意書への署名の可否】 203
 Q16【同性パートナーに対する診療情報開示の可否】 210

第5章　社内規程改定例

 1　はじめに　218
 2　企業倫理憲章　218
 3　就業規則　220
 4　就業規則以外の諸規程　229
 5　パートタイム・契約社員・嘱託社員等就業規則　232
 6　同性パートナー等登録規程　233
 7　規定例リスト　235

第1章

基礎知識

第1　用語・概念

1 性の構成要素

従来，性別は女性又は男性の2種類に明確に分かれており，女性は男性に対して，男性は女性に対して性愛や恋愛の感情を持つものと捉えている人が多かったかと思います。しかし，今日，性は多様性を持つものとして理解されています。まずは，一般に挙げられる性の構成要素のうち，①身体的性別，②性自認及び③性的指向について，ご説明します。

(1) 身体的性別

まず，身体的性別とは，性染色体，生殖腺，ホルモン，内性器，外性器等の性的特徴のことをいい[注1]，生物学的に女なのか男なのかを指します。「体の性別」と説明されることもあります。

身体的性別は，外性器及び内性器の診察や性染色体検査などによってある程度客観的に判断されます。ただし，卵巣・精巣や性器の発育が非典型的な状態（性分化疾患）である人々も存在します[注2]。

(2) 性自認

次に，性自認とは，性別についてどのようなアイデンティティ（性同一性）を自分の感覚として持っているかを示す概念であり，自分の身体的性別にかかわらず，「自分は男性である」，「自分は女性である」，「自分は男性と女性の両方である」，「自分は男性と女性のどちらでもない」といったような，どの性別に自分が属しているか，あるいは属していないかという認識のことを指します。「心の性別」とも説明されます。

人口割合的に多くの人は，自らの身体的性別に違和感を持っていませんが，そうでない人もいます。割り当てられた性別とは異なる性別に帰属する人を「トランスジェンダー（Transgender）」といい[注1]，「身体や戸籍上の性別に違和感があり，それとは異なる性別として生きたいと望む人」とも説明されます[注3]。身体的性別が女性で自認する性別が男

(注1) 佐々木掌子『トランスジェンダーの心理学 —多様な性同一性の発達メカニズムと形成—』5，7，8頁（晃洋書房，初版，2017）
(注2) 一般社団法人日本小児内分泌学会性分化・副腎疾患委員会『性分化疾患の診断と治療』5頁（第1版，2016）
(注3) 特定非営利活動法人共生社会をつくるセクシュアル・マイノリティ支援全国ネットワーク『セクシュアル・マイノリティ白書2015』7頁（初版，2015）

性である人は「トランス男性」あるいは「FtM」(エフティーエム／Female to Male)，身体的性別が男性で自認する性別が女性である人は「トランス女性」あるいは「MtF」(エムティーエフ／Male to Female) と呼ばれることもあります。

　性自認は，自分の意思でコントロールできるものではなく，また，自認する性別を身体的性別に近づける方向で「治す」べきものでもありません。

　トランスジェンダーのうち，医療的治療（主に，自認する性別に従って生きることを前提とした精神的サポート，ホルモン療法，乳房切除術，性別適合手術）を必要とする人に対する医学的疾患名として，日本では「性同一性障害」という用語が用いられています[注4]。

(3) 性的指向

　以上に対して，性的指向とは，性的興味，関心，魅力などを感じる対象がどの性別に向かうか，あるいは向かわないかを示す概念のことを指します。

　人口割合的に多くの人は，自認する性別とは異なる性別つまり異性に対して恋愛感情や性的関心が向いています。このような性的指向を持つ人を異性愛者といいます。

　他方，恋愛感情や性的関心が同性，あるいは異性と同性の両方に向いている人もいます。同性愛指向を持つ女性のことをレズビアン (Lesbian)，同性愛指向を持つ男性のことをゲイ (Gay)，同性愛指向と異性愛指向の両方の要素を持ち合わせている人を両性愛者ないしバイセクシュアル (Bisexual) といいます。

　また，恋愛や性愛の感情を他者に対して持たない人を無性愛者ないしエイセクシュアル (Asexual) といい，バイセクシュアルと異なり，男女2分法的に性的魅力を感じるわけではなく，性別を決めていない人々や曖昧な人々を含めて魅力を感じることがある人を全性愛者ないしパンセクシュアル (Pansexual) といいます。

　性的指向も，自分の意思でコントロールできるものではなく，「治す」べきものでもありません。同性愛について，世界保健機関 (WHO) は，

[注4] 2018年6月18日，世界保健機関 (WHO) が『国際疾病分類』最新版 (IDC-11) を発表し，性同一性障害を精神疾患から外すべきとの判断を示しました。世界保健総会で採択されれば，2022年1月1日から改定後のICDが効力を発し，国際的には「性同一性障害」という概念が消滅し，脱病理化する（障害でも病気でもなくなる）ことになります。

1990年に,「いかなる意味でも治療の対象にはならない」と明言しています。

> **身体的性別**
> 　性染色体,生殖腺,ホルモン,内性器,外性器等の性的特徴／体の性別
> **性自認**
> 　自分の身体的性別にかかわらず,どの性別に自分が属しているか,あるいは属していないかという認識のこと／心の性別
> **性的指向**
> 　性的興味,関心,魅力などを感じる対象がどの性別に向かうか,あるいは向かわないかということ

(4) 性同一性障害と同性愛の違い

　以上に関して,性同一性障害と同性愛が混同されることがあります。しかし,この2つは別次元の概念です。

　すなわち,性同一性障害を抱えている人は,恋愛対象は人によって異性（自認する性別から見た場合の異性）の場合もあれば,同性の場合もありますし,前述のようにそれ以外の場合もあります。これに対して,多くの同性愛者は,身体的性別についての違和感はありません。例えば,多くの男性同性愛者にとって自分の性別はあくまで男性であり,自らが女性でありたいとは考えていません。

　なお,性同一性障害と同性愛の両方の要素を併せ持つ人も存在します。

(5) 性のグラデーション

　以上のように性の構成要素は多様である上,個々の要素の濃淡・強弱は人によって異なります。

　身体的性別との関係でいえば,例えば生物学的に同じ「男性」であっても,それを基礎付ける内性器,外性器等の性的特徴を一つ一つ具体的にみていくと,一人一人異なります。また,性自認との関係でいえば,自らを100％男性であると認識している人もいれば,80％は男性であ

るが20%は女性であると感じている人もおり、大枠では自らを男性と認識している人の中でも、その強弱は異なります。さらに、性的指向との関係でも、100%異性愛という人もいれば、60%は異性に対して性愛・恋愛感情が向いているが40%は同性に対して向いているという人もいます。

　各構成要素の濃淡・強弱は人によってそれぞれであり、かつ、セクシュアリティ（性のあり方）は各要素が組み合わさったものであることを踏まえれば、2人として同じセクシュアリティを持つ人はいません。

　以上のような捉え方は「性のグラデーション」と表現されています。

2 LGBTとは

　このように人はそれぞれのセクシュアリティ（性のあり方）を持っていますが、このうち、レズビアン、ゲイ、バイセクシュアル、トランスジェンダーの頭文字をとった用語が「LGBT」（エル・ジー・ビー・ティー）です。セクシュアリティにおける少数者のことを指す「セクシュアル・マイノリティ」とほぼ同じ意味で使用されています。

　LGBTという用語の浸透により、その存在に対する認識が社会の中に広がってきたことは事実です。しかし、上記のとおり、セクシュアル・マイノリティには、L・G・B・Tのいずれのカテゴリーにも属さない人々もいます。また、「LGBT」という用語は、LGBTの人々を括りだして「特異な人々」との誤解を与えてしまうのではという懸念も指摘されています。

　そのような背景の中で、国際的には「SOGI」（ソジ）という表現が使用されています。SOGIとは、「Sexual Orientation and Gender Identity」の略であり、日本語に訳すと「性的指向及び性自認」となります。SOGIは、LGBTと異なり、性的少数者をカテゴリーとして括りだすものではなく、その人の性的指向・性自認がどのようなものかという観点からの表現であり、異性愛者や身体的性別に対して違和感のない人を含む、全ての人との関係で使用することができる概念です[注5]。

　とはいえ、日本についていえば、ようやく「LGBT」という用語が浸

(注5) なお、国際人権法の領域では、「SOGI」に性表現（Gender Expression　言葉遣いや服装、行動様式などに表現される「らしさ」のこと）や身体的性の特徴（Sexual Character　出生時の外性器の形態など、生物学的・解剖学的特徴のこと）を組み合わせた「SOGIESC」（ソジスク）といった用語が定着しつつあります（谷口洋幸「性自認と人権―性同一性障害者特例法の批判的考察」法学セミナー2017年10月号）。

透し始めたという段階であるため，本書のタイトルにおいては「LGBT」という用語を使用しています。セクシュアル・マイノリティの中にはL・G・B・Tのカテゴリーに属さない人もいること，LGBTの人々は特異な人々ではないことを認識していれば，「LGBT」という用語を使用することには，何の問題もありません。重要なのは，用語それ自体ではなく，その背景にある各人の理解・認識だからです。ただ，本書の中では，L・G・B・T以外の人々も疑義なく含むべく，「セクシュアル・マイノリティ」という表現で統一しています。

3 その他の用語・概念

上記以外に重要な用語・概念として，「カミングアウト」と「アウティング」についてもご説明しておきます。

(1) カミングアウト

カミングアウトとは，自らのセクシュアリティ（性のあり方）を自らの意思で他者に伝えることをいいます。その人がどのような性自認や性的指向を持つかということは，その人の人格の一部を構成するものであり，個人のプライバシーに属する事柄といえます。よって，カミングアウトをいつ，誰に対して，どのようにするか，あるいはしないかは，プライバシー権によって法的に保護されます。

残念ながら，現在の日本社会には，セクシュアル・マイノリティの人々への差別や偏見が存在するため，自らのセクシュアリティを明らかにしていない，あるいは明らかにすることができない人が少なくありません。そのような場合にセクシュアリティの申告を強制すること（カミングアウトの強制）は，本人のプライバシー権を侵害するものであり，許されません。

このような社会の状況の中で，カミングアウトを受けた際には，それが大きな勇気を有するものであることを踏まえ，真摯に耳を傾けることが必要です。

> **カミングアウトを受けたら**
> ・話をよく聞く
> ・信頼して話してくれたことに感謝する
> ・どの程度秘密にしておきたいのかを確認し，秘密を守る

(2) アウティング

　カミングアウトがセクシュアリティを自らの意思で他者に伝えることであるのに対し，アウティングは，本人の承諾なく，本人が公表していないセクシュアリティを第三者に伝えることをいいます。カミングアウトの強制と同様，アウティングは，本人のプライバシー権を侵害するものであり，許されません。

　アウティングによる被害の重大性が浮き彫りになった事件として，一橋大学アウティング事件があります。これは，2015年に，一橋大学法科大学院の男子学生が，同性愛者であることを同級生に暴露された後，心身に不調を来すようになり，授業中に校舎のベランダを乗り越え転落死したという事件です。アウティングという行為が，本人の心身に対して大きな影響を及ぼすものであり，最悪の場合，このような悲劇をもたらし得るものであることが，改めて認識されなければなりません。

　また，そもそも，セクシュアル・マイノリティの人々に対する偏見や差別が社会に存在しなければ，セクシュアリティを第三者に知られたとしても，その精神的苦痛は重大なものとはならないでしょう。つまり，アウティングによる被害は，社会全体の無知・無理解・無関心に起因する側面があることについても，改めて認識される必要があると考えます。

第2　数的割合

（1）調査結果

　セクシュアル・マイノリティの人々の割合について，電通による調査[注1]によれば7.6％，博報堂DYグループによる調査[注2]によれば約8.0％，労働組合総連合会の調査[注3]によれば8.0％であるとの結果が出ています。

　これらを前提とすると，13人に1人がセクシュアル・マイノリティである計算になります。これは，左利きの人や血液型がAB型の人と同じぐらいの割合であると言われています。

（2）セクシュアル・マイノリティの見えづらさ

　しかし，そのような調査結果がある一方で，「自分の周りにはセクシュアル・マイノリティの人はいない」と感じている人も少なくないかもしれません。

　全国意識調査[注4]によれば，「同性愛者」が周りにいるかという質問に対して，「いない」「いないと思う」と回答した人の合計は87.8％であり，「性別を変えた，あるいはそうしようと考えている人」が周りにいるかという質問に対して，「いない」「いないと思う」と回答した人の合計は94.2％となっています。

　これは，社会に差別や偏見が存在することから，セクシュアル・マイノリティの人々が自己のセクシュアリティを隠さざるを得ない状況にあり，隠れた存在（見えない存在）に追いやられていることによるものといえます。実際，学校や職場において自らがセクシュアル・マイノリティであると明かしている人の割合は15.4％にすぎないとの報告もあります[注5]。

　8.0％という調査結果と自身の認識に差異がある場合，そのこと自体が，セクシュアル・マイノリティの人々が置かれている状況を象徴するものであると捉えるべきでしょう。

（注1）電通ダイバーシティ・ラボ「LGBT調査2015」（2015年4月実施）
（注2）株式会社LGBT総合研究所「LGBTに関する生活意識調査」（2016年5月実施）
（注3）日本労働組合総連合会「LGBTに関する職場の意識調査」（2016年6〜7月実施）
（注4）釜野さおり他「性的マイノリティについての意識　2015年全国調査報告書」（「日本におけるクィア・スタディーズの構築」研究グループ編，2016年6月）
（注5）一般社団法人社会的包摂サポートセンター「よりそいホットライン平成27年度抽出データ集計」

第3　セクシュアル・マイノリティを取り巻く環境

1　差別・偏見の根深さ

　全国意識調査(注1)によれば，同僚が性別を変えた人であったらどう思うかという問いに対して，「嫌だ」又は「どちらかといえば嫌だ」と回答した人の割合は32.5％，同僚が同性愛者だった場合に「嫌だ」又は「どちらかといえば嫌だ」と回答した人の割合は36.3％であるとの結果が出ています。

　また，いまだに，セクシュアル・マイノリティを笑いのネタにする社会の風潮は蔓延しています。例えば，バラエティ番組では同性愛者のタレントを嘲笑の対象としていたり，スポーツ新聞や週刊誌では「ホモ疑惑」「レズ疑惑」などの表現が使用されていたりします。私達の身近な日常においても，「お前，もしかしてソッチじゃないの？」などといったやり取りを見聞きすることは少なくありません。

　そのような中，セクシュアル・マイノリティの人々は常に，自分も笑いのネタや偏見・排除の対象として扱われるかもしれないとの恐れを感じています。実際の声の一部をご紹介します。

> ・友達が「恋バナ」で盛り上がり，「好きな人は？」と聞かれる度に，「異性に興味がない」と言うとおかしいと思われるのが怖くて，誤魔化さざるを得ない
>
> ・同級生から「オカマ」とからかわれていたところ，担任の先生から「オカマじゃないよね？　普通の男の子だよね」と言われ，そのとき以来，「自分をそのまま出すのはいけない」と思うようになった
>
> ・結婚したいと思えるパートナーに出会い，初めて同性愛者であることを親に打ち明けたところ，「もう私の娘ではない」と受け入れてもらえなかった

(注1) 釜野さおり他『性的マイノリティについての意識　2015年全国調査報告書』(「日本におけるクィア・スタディーズの構築」研究グループ編，2016年6月)

- テレビにオネエタレントが出ていると父親が「気持ち悪い」といった発言をするので，家にいても息苦しい

- 社会生活を円滑に過ごすために関係性を表に出せない。自分で自分の存在を否定しているようで，常に自分が半人前の人間であるかのような劣等感がある

同性婚人権救済弁護団編『同性婚　だれもが自由に結婚する権利』(明石書店，初版，2016) より

2　自殺念慮率の高さ

　このように，セクシュアル・マイノリティの人々は，自分を不本意にも偽らざるを得ず，自己のセクシュアリティを肯定しにくい状況にあること等から，総体的に自己肯定感が低く，そのため，自殺率も高いとされています。

　実際，セクシュアル・マイノリティの若者に対して実施した学校生活実態調査(注2)によると，68％がいじめや暴力を受けた経験があり，そのうち31％が自殺を考えたという結果が出ています。また，高校生を対象に行われた調査(注3)によれば，セクシュアル・マイノリティである生徒のうち約5割が周囲の偏見を感じており，約3割は自分を傷つけた経験があると回答しています。

3　人権教育の不足

　セクシュアル・マイノリティの人々が自殺を考える程の苦悩を抱える背景として，日本における人権教育の不足が挙げられます。

　セクシュアル・マイノリティの人々を対象に実施した意識調査(注4)によれば，学校教育において「同性愛について一切習っていない」と回答した人の割合は全体の68％を占めており，「異常なものとして習った」「否定的な情報を得た」との回答が22.6％を占めています。

　また，教職員を対象に実施した調査(注5)によれば，同性愛及び性同一

(注2)　いのちリスペクト。ホワイトリボン・キャンペーン「LGBTの学校生活に関する実態調査（2013）結果報告書」
(注3)　三重県男女共同参画センターと日高庸晴による「「多様な性と生活」に関するアンケート調査結果報告書」(2017年10～12月実施)
(注4)　日高庸晴「LGBT当事者の意識調査 〜いじめ問題と職場環境等の課題〜」(2016年7～10月実施)
(注5)　日高庸晴「教員5979人のLGBT意識調査レポート」(2011年11月〜2013年2月実施)

性障害について学んだことがあると回答した教職員の割合は1割にも満たず，実際にセクシュアル・マイノリティについて授業に取り入れた経験があると回答した教職員の割合はわずか13.7%となっています。

　学校におけるセクシュアル・マイノリティに関する人権教育の充実が強く望まれます。

第4　日本の法制度・施策と海外の動向

　それでは，セクシュアル・マイノリティに関する法制度・施策はどの程度整備されているのでしょうか。日本と海外についてみていきましょう。

1　性同一性障害者の性別の取扱いの特例に関する法律

　日本では，2003年に，一定の要件を満たす人につき，家庭裁判所の審判により，法令上の性別の取扱いと戸籍上の性別記載の変更を認める法律（性同一性障害者の性別の取扱いの特例に関する法律。以下，「特例法」）が成立し，2004年7月に施行されました。セクシュアル・マイノリティについて存在する日本で唯一の法律です。

　法令上の性別の取扱いと戸籍上の性別記載の変更が認められるためには，以下の要件の全てを満たしていることが必要です（特例法3条）。

---
① 20歳以上であること(注1)
② 現に婚姻をしていないこと
③ 現に未成年の子がいないこと
④ 生殖腺がないこと又は生殖腺の機能を永続的に欠く状態にあること
⑤ その身体について他の性別に係る身体の性器に係る部分に近似する外観を備えていること

　この全ての要件を満たし，性別取扱い変更の審判が出ると，戸籍の記載が変更されます。民法その他の法令の規定の適用については，その性別に変わったものとみなされ（特例法4条1項），変更後の性別で婚姻をすることも可能です。司法統計によれば，2004年から2017年までの間に7809人について性別の取扱いの変更が認容されています。

　特例法は，戸籍上の性別の変更を可能としたという点で大きな意義があるものですが，他方で，そのためには極めて厳格な要件をクリアしなければならず，多くの課題も含んでいるのが現状です。

（注1）成人年齢の引き下げを主な内容とする民法改正に伴い，2022年4月1日から，特例法の要件についても，「20歳以上であること」が「18歳以上であること」に変更となる予定です。

特に，上記④及び⑤の要件は性別適合手術（トランス女性の場合の精巣摘出，陰茎切除，造腟及び外陰部形成術，トランス男性の場合の卵巣摘出，子宮摘出，尿道延長，腟閉鎖及び陰茎形成術）を意味しますが，そもそも，トランスジェンダーないし性同一性障害の人々全てが性別適合手術を希望しているわけではありません。何をすれば，あるいはどこまでの治療をすれば自分らしくいられるのかは，個々人によって異なります。例えば，自認する性別に従った髪型・服装をすること，あるいは，ホルモン治療で身体的特徴を自認する性別へ近づけること（変声，体毛・毛髪の増減，乳房拡大など）は必要であるものの，性別適合手術までは必要ないという人もいます。

一方で，性別適合手術を希望する場合でも，日本においては，性別適合手術を行うことができる医療機関の数が限られており，一定の基準を満たす医療機関で手術を行う場合以外は保険の対象でもないため，経済的に手術費用が捻出できない人も少なくありません。また，手術は身体に侵襲を伴うものであるため，もともと有する疾患が理由で手術を受けられないなど，様々な理由で手術を行えない現状があります。

特例法制定直後より，要件撤廃又は緩和を求める要請が継続的になされているところであり，各要件の見直しが切に望まれます。

2 国の施策

日本におけるセクシュアル・マイノリティに関する法律は上記の特例法のみですが，国は，男女共同参画その他の分野において，セクシュアル・マイノリティに対する取組み姿勢を示しています。

（1）男女共同参画基本計画

第4次男女共同参画基本計画（2015年12月に閣議決定）には，「性的指向を理由として困難な状況に置かれている場合や性同一性障害などを有する人々については，人権尊重の観点から配慮が必要である」と明記されています。

(2) 自殺総合対策大綱

　自殺総合対策大綱の改定（2017年7月25日閣議決定）においては，セクシュアル・マイノリティについての無理解や偏見等がセクシュアル・マイノリティの自殺念慮の割合等の高さの背景にある社会的要因の一つであると捉えられ，セクシュアル・マイノリティに関する理解を促進するための取組みを行うべきことが盛り込まれています。

(3) 教　育

　文部科学省は，各国公私立学校に対して，2015年4月30日，「性同一性障害に係る児童生徒に対するきめ細かな対応の実施等について」と題する通知を出し，2016年4月1日には，教職員に対して，「性同一性障害や性的指向・性自認に係る児童生徒に対するきめ細かな対応等の実施について（教職員向け）」を公表しています。

　また，2017年3月14日，文部科学省は，いじめ防止対策推進法に基づく「いじめの防止等のための基本的な方針」を改定し，「性同一性障害や性的指向・性自認に係る児童生徒に対するいじめを防止するため，性同一性障害や性的指向・性自認について，教職員への正しい理解の促進や，学校として必要な対応について周知する」と明記しています。

(4) 労　働

　「雇用の分野における男女の均等な機会及び待遇の確保等に関する法律」（以下，「男女雇用機会均等法」）にかかる「事業主が職場における性的な言動に起因する問題に関して雇用管理上講ずべき措置についての指針」（以下，「セクシュアル・ハラスメント指針」）においては，2013年12月の改正により，「職場におけるセクシュアルハラスメントには，同性に対するものも含まれる」と明記され，2016年8月の改正により，「被害を受けた者の性的指向又は性自認にかかわらず，当該者に対する職場におけるセクシュアルハラスメントも，本指針の対象となる」と明記されました。

　また，人事院のセクハラ防止ガイドライン（人事院規則10—10（セクシュアル・ハラスメントの防止等）の運用について）は，2016年12

月の改正により、「性的な言動」に性的指向・性自認に関する偏見に基づく言動も含まれること及び「セクハラとなりうる言動」に性的指向や性自認をからかいやいじめの対象とすることも含まれることを明確にしました。

さらに、厚生労働省は、2018年1月にモデル就業規則を改正し、禁止されるハラスメントとして「性的指向・性自認に関する言動によるもの」を明記しました。

加えて、厚生労働省は、2018年度版の「公正な採用選考をめざして」において、「採用基準（選考基準）」として、「LGBT等の性的マイノリティの方など特定の人を排除しない」と明記しています。

3 地方自治体の動き

上記のとおり、国は様々な施策を打ち出してはいますが、性自認や性的指向に基づく差別を禁止した法律は制定されておらず、また、同性カップルの法的保障について対応は進んでいないのが現状です。そのような中、地方自治体は、国に先んじて、積極的な取組みを行っています。

(1) 差別禁止等の明記

まず、多数の自治体が、性自認や性的指向に基づく差別を禁止する旨を条例に定めています。例えば、東京都の「東京都オリンピック憲章にうたわれる人権尊重の理念の実現を目指す条例」には、以下の規定が存在します。

> 「都、都民及び事業者は、性自認及び性的指向を理由とする不当な差別的取扱いをしてはならない。」

また、東京都国立市の女性と男性及び多様な性の平等参画を推進する条例には、以下のとおり、カミングアウトの強制やアウティングを禁じる規定が存在します。

「何人も，性的指向，性自認等の公表に関して，いかなる場合も，強制し，若しくは禁止し，又は本人の意に反して公にしてはならない。」

（2）同性カップルの権利保障

以上に加えて，近年は，以下のとおり，同性カップルの権利の保障に資する条例・要綱が次々と制定されています。

東京都渋谷区　男女平等及び多様性を尊重する社会を推進する条例

「区長は，第4条に規定する理念に基づき，公序良俗に反しない限りにおいて，パートナーシップに関する証明（以下「パートナーシップ証明」という。）をすることができる。」
「区民及び事業者は，その社会活動の中で，区が行うパートナーシップ証明を最大限配慮しなければならない。」

東京都世田谷区　パートナーシップの宣誓の取扱いに関する要綱

「パートナーシップの宣誓は，パートナーシップの宣誓をしようとする同性カップル（次の要件を満たすものに限ります。）が区職員の面前において住所，氏名及び日付を自ら記入したパートナーシップ宣誓書を，当該区職員に提出することにより行うものとします。」

さらに，以下の自治体も，パートナーシップ宣誓について規定する要綱を既に導入し，又は導入することを予定しています。

三重県伊賀市（2016年4月実施），兵庫県宝塚市（2016年6月実施），沖縄県那覇市（2016年7月実施），札幌市（2017年6月実施），大阪市（2018年7月実施），福岡市（2018年4月実施），東京都中野区（2018年8月実施），千葉市（2019年4月実施予定），さいたま市（実施時期未定），長崎市（実施時期未定）など

以上のパートナーシップ証明・宣誓制度の導入のほか，東京都世田谷区・文京区・豊島区，沖縄県那覇市，岐阜県関市など複数の自治体で，

同性パートナーを持つ職員にも結婚祝い金や弔慰金を支給するなど，同性カップルに対する福利厚生への取組みも始まっています。

（3）その他の取組み

その他の取組みとして，例えば，東京都世田谷区は，2017年10月から，同性カップルの区営住宅への入居を可能とし，また，区と事業者が交わす契約書では，セクシュアル・マイノリティへの差別禁止を明記しています。東京都文京区でも，2017年10月から，区発注工事などで事業者と交わす契約書類に，セクシュアル・マイノリティへの差別禁止を明記しました。具体的な条項としては，「性別（性自認及び性的指向を含む）に起因する差別的な取扱いを行わないこと」という文言が挿入されています。

また，トランスジェンダーの人々への配慮から，相当数の自治体が性別欄のない印鑑登録証明書を発行しており，滋賀県や岐阜県関市など複数の自治体が，その他の申請書やアンケート用紙についても，性別欄を廃止したり自由記述としたりする見直しを進めています。さらに，大阪市など複数の自治体においては，職員採用試験の受験申込書の性別欄を削除し又は任意項目としています。

4 海外の法制度

それでは，海外では，どのような取組みがなされているのでしょうか。

（1）差別禁止法

海外では，性的指向や性自認を理由とする差別を禁止する法律を制定している国も少なくありません。例えば，ドイツでは，性的アイデンティティを理由とする差別を禁止する包括的な差別禁止法が，イギリスでは，人種，性別，宗教，障害と並んで性的指向，性自認を理由とする差別禁止法が制定されています。

（2）同性カップルの法的保障

　また，海外では，同性婚（法律上，同性同士の婚姻関係を異性同士の婚姻関係と同等とするもの）やパートナーシップ制度（男女の婚姻とは別枠の制度として，異性結婚の夫婦に認められる権利の全部又は一部を同性カップルにも認め，保障するもの）などの形で，同性カップルを法的に保障するための法律の制定が次々となされています。G7メンバー国の中で同性婚を制度として認めていないのはイタリアと日本だけですが，イタリアには国レベルでの同性間の登録パートナーシップ制度があり，日本より大きく進んでいます。

（3）性別取扱いの変更に関する法制度

　また，海外では，性別取扱いの変更に関する法制度も，立法，司法の場面で次々と確立されています。例えば，イギリスでは，希望する性別での2年以上の生活経験が要件であり，ホルモン療法や手術を必要としていません。また，オーストリアでは，憲法裁判所が，婚姻解消を要件とすることを違憲と判断し，行政裁判所が，性別適合手術は必須の要件ではないと判断しています[注2]。

5　国連からの勧告

　海外の状況は上記のとおりであり，セクシュアル・マイノリティへの対応について，日本が立ち遅れていることは明らかです。そのため，日本は，国連から，複数回にわたり，「性的指向及び性自認を含むあらゆる理由に基づく差別を禁止する包括的な差別禁止法を採択すべきである」などという勧告を受けており，勧告に対する誠実な対応が求められています。

（注2）共生社会をつくるセクシュアル・マイノリティ支援全国ネットワーク監修・編集『セクシュアル・マイノリティ白書2015』15頁

第5　訴訟事例

　以上では，セクシュアル・マイノリティに関する用語・概念や社会的状況等についてみてきましたが，セクシュアル・マイノリティに関して，実際に訴訟も提起されています。本書執筆時において係属中の事件も含めて，主なものをご紹介します。

1　性自認に関する裁判例

（1）女性の容姿での就労と懲戒解雇（東京地決2002年6月20日）

　性同一性障害との診断を受け，ホルモン療法により身体的にも女性化が進んでいた，生物学上は男性の社員が，服務命令に違反して女性の容姿をして出勤した行為が，就業規則所定の懲戒解雇事由に当たるとして，懲戒解雇された事案において，裁判所は，「女性の容姿をした社員を就労させることが，会社における企業秩序又は業務遂行において，著しい支障を来すと認めるに足りる疎明はない」として，解雇は権利濫用にあたり無効であると判断しました。

（2）名の変更（大阪高決2009年11月10日）

　性同一性障害の診断を受けて以来，女性として生活すべく精神的及び身体的治療（ホルモン療法，精巣除去）を受けている者について，裁判所は，「男性であることを表示する名の使用を強いることは不当である」「名の変更によって直ちに職場秩序に混乱を生じさせるとは認められない」として，名の変更を許可しました。

（3）ゴルフクラブ入会拒否（東京高判2015年7月1日）

　性同一性障害により戸籍上の性別を変更したことを理由に会員制ゴルフクラブへの入会を拒否されたとして，拒否された人物がクラブ等を提訴した事案において，裁判所は，「入会拒否によって，人格の根幹部分に関わる精神的苦痛を受けた」として，慰謝料の損害賠償請求を認めました。

(4) 自認する性別に従ったトイレ使用（東京地裁2015年11月提訴・係属中）

性同一性障害で，戸籍上は男性のまま女性として勤務する経済産業省職員（※持病のため性別適合手術が受けられず，戸籍上の性別を変更できないという事情あり）が，「戸籍を変更しなければ女性用トイレの通常使用などは認めない」とした同省の対応は不当として，国に処遇改善と損害賠償を求めて提訴したものです。本書執筆時において係属中ですが，官庁だけでなく民間企業での対応にも影響を及ぼす可能性があり，注目されます。

(5) カミングアウト強制（名古屋地裁2016年6月提訴・係属中）

性同一性障害の会社員が，職場でカミングアウトを不当に強制されて精神的苦痛を受け，うつ病を発症したとして，勤務先に対して損害賠償を求めて提訴したものです。裁判所がどのような点に着目して判断するのかが注目されます。

(6) 自認する性別に従ったジム施設利用（京都地裁2017年6月和解成立）

通っていたスポーツジムに対して，「性別適合手術を受けて身体が女性に変わるので，もう男性用ロッカーは使えない。配慮してほしい」と求めたのに，ことさらに男性扱いされたとして，性同一性障害者である人物（※特例法の要件を満たさないため戸籍上の性別を変更できないという事情あり）がスポーツクラブに慰謝料などを請求する訴訟を提起した事案です。裁判所が，「性自認を他者から受容されることは人の生存に関わる重要な利益で，尊重されるべき」という内容の和解勧告を行い，和解（内容非公表）が成立しました。

(7) 自認する性別に基づく服装での通勤（東京地裁2018年1月和解成立）

性同一性障害の会社員が，勤務先に女性服で働きたいと求めたにもかかわらず，男性用のスーツを着るよう命じられたため，女性服での通勤

を認めるよう仮処分を申し立てた事案において，勤務先が会社員の要望を受け入れる内容の和解が成立しました。

2 性的指向に関する裁判例

(1) 公共施設の宿泊利用拒否（東京高判1997年9月16日）

同性愛者の団体からの青年の家の利用申込みを不承認とした東京都教育委員会の処分について，裁判所は，「同性愛者の利用権を不当に制限し，結果的，実質的に不当な差別的取扱いをしたもの」として，当該処分を違法とし，東京都に損害賠償を命じました。

(2) 同性愛を推測させる表現（東京高判2006年10月18日）

週刊誌における新聞社社長拉致事件の記事に関する新聞，車内等の広告における同性愛を推測させる表現について，裁判所は，「同性愛者と誤解されることは社会的評価を低下させる」として，名誉毀損の成立を認め，慰謝料等の支払を命じました。損害賠償を認めた結論は妥当ですが，下線部については，仮にこれが社会の現実であるとすると，本来あるべき姿ではなく，同性愛者に対する偏見をなくすため，理解の増進を図ることが必要といえます。

(3) アウティング（東京地裁2016年3月提訴・一部係属中）

一橋大学法科大学院において，同性愛の恋愛感情を告白した相手による暴露（アウティング）をきっかけとして，ゲイの学生が投身自殺を図って転落死したとして，転落死した学生の遺族が暴露した学生と大学の責任を追及して提訴した事案です。その後，学生との間では和解が成立しましたが，大学との間では本書執筆時において係属中です。アウティングによって本人が死に至るほどの精神的苦痛を受け得ることが改めて明らかになった事案といえます。

(4) 退去強制処分の取消し（東京地裁2017年3月提訴・係属中）

日本人の同性パートナーと20年以上連れ添ったのに国外への退去を

命じられたのは性的指向に基づく差別であるとして，台湾籍の男性が国に退去強制処分の取消しなどを求める訴訟を起こしたという事案です。異性カップルであれば，事実婚でも在留が認められる事例が多い中，裁判所がそのこととの関係をどのように捉えるのかが注目されます。

（5）葬儀での対応（大阪地裁2018年4月提訴・係属中）

同性同士での同居生活を40年以上続けてきたパートナーの急逝後，共に築いたはずの財産を相続され，火葬に立ち会う機会なども奪われたとして，残された男性が，亡くなったパートナーの親族に慰謝料と財産の引渡しを求めて提訴したという事案です。男性側は，「どちらかが先に死亡した場合，残った一人が無事に余生を送れるように共有財産を贈与することで生前に合意していた」と主張するとともに，同性愛者への差別によってパートナーを弔う機会を奪われたとして慰謝料を請求しています。

第2章

職場における

セクシュアル・マイノリティ対応

第1　職場の現状

　以上を踏まえて，企業として，セクシュアル・マイノリティ対応をどのように進めていくかを検討するため，まずはセクシュアル・マイノリティに関する職場の現状を確認しておきたいと思います。

1　ハラスメント・差別的取扱い

（1）認知率

　まず，セクシュアル・マイノリティに対するハラスメントの実態について，「LGBTに関する職場の意識調査」（以下，「連合調査」）[注1]によれば，「職場（飲み会含む）で，いわゆる『LGBT』に関するハラスメントを経験したこと，または，見聞きしたことはあるか」との質問に対する回答は，「自分が受けたことがある」が1.3％，「直接見聞きしたことがある」が7.6％，「間接的には聞いたことがある」が15.3％であり，職場でセクシュアル・マイノリティに関するハラスメントを受けたり見聞きしたりした人は5人に1人以上の割合となっています（図1）。

　ただし，セクシュアル・マイノリティが身近にいる人といない人に分けてみると，身近にいる人では，セクシュアル・マイノリティに関するハラスメントを受けたり見聞きしたりした人の割合が57.4％と半数を超えるのに対し，身近にいない人では14.8％にとどまることが明らかとなっています。

　　（注1）日本労働組合総連合会「LGBTに関する職場の意識調査」（2016年6〜7月実施）

このことから,セクシュアル・マイノリティが身近にいない人は,実際にはセクシュアル・マイノリティに対するハラスメントが存在するにもかかわらず,それを認識できていないことがうかがえます(図2)。

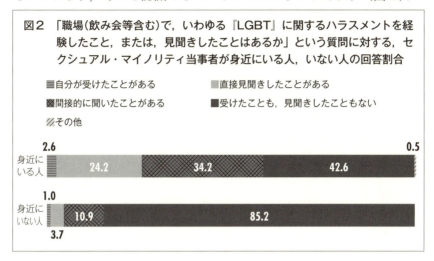

また,「職場で,いわゆる『LGBT』に関する差別的な取り扱い(解雇・降格・配置転換など)を経験したこと,または,見聞きしたことはあるか」との質問に対する回答は,「自分が受けたことがある」が0.9%,「直接見聞きしたことがある」が2.9%,「間接的に聞いたことがある」が8.1%で,合計11.4%となっています(図3)。

ただ,これについても,セクシュアル・マイノリティが身近にいる人では,セクシュアル・マイノリティ関連の差別的取扱いを受けたり見聞きしたりした人の割合が36.3%と3人に1人を超える結果であるのに

対して，身近にいない人では5.6％となっており，やはり，セクシュアル・マイノリティが身近にいない人は，そもそも差別的取扱いの存在を十分に認識することができていないことがうかがえます（図4）。

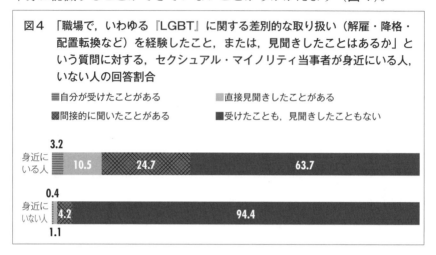

以上によれば，職場においては，セクシュアル・マイノリティの人々に対して，認識されているだけでも多数のハラスメント・差別的取扱いが行われている上，認識されていないハラスメント・差別的取扱いも相当数に上ると考えられます。

（2）ハラスメント・差別的取扱いの具体的内容

セクシュアル・マイノリティの人々に対して，具体的にどのようなハラスメント・差別的取扱いが生じているのかについて，『よりそいホットライン平成26年度報告書』[注2]からピックアップした実際の声をご紹介します。

- 職場で「オカマ」などと言われた（回答者：バイセクシュアル男性）
- 職場で女性として働きたいと伝えたところ，「男性として採用したのでダメだ」と言われた（回答者：トランス女性）
- 戸籍上男性であるならば女性用トイレを使用することはセクハラになると言われた（回答者：トランス女性）

（注2）一般社団法人社会的包摂サポートセンター編『よりそいホットライン平成26年度報告書』第4章「セクシュアル・マイノリティの労働問題」

- 同性とお付き合いしていることを非難され，それを理由に「仕事を辞めてほしい」と言われた（回答者：レズビアン）
- 「○○部の○○は50で独身，絶対ホモ」と噂する上司がいる。ゲイだとバレたら会社にいられなくなると不安（回答者：ゲイ）
- 入社後，飲み会で，過去の交際経験について先輩からしつこく聞かれ，女性との交際経験がなく回答に困った（回答者：ゲイ）
- 「そういう普通じゃない人はなかなか正社員には出来ない」と上司から言われた（回答者：トランス男性）

これを見ると，職場における意識的・無意識的なハラスメントや差別的取扱いによって，セクシュアル・マイノリティの人々が大きく傷付けられていることがわかります。

（3）ハラスメント・差別的取扱いの原因

では，ハラスメント・差別的取扱いの原因はどこにあるのでしょうか。

連合調査によれば，「職場における，いわゆる『LGBT』に関するハラスメントの原因は，どのようなことだと思うか」という質問に対して，「差別や偏見」という回答が最も多く59.5％，「性別規範意識（「男」はこうあるべき，「女」はこうあるべき等の規範意識）」が43.3％，「職場の無理解な雰囲気」が18.1％，「上司のハラスメントに対する意識の低さ」が16.9％，「会社（組織）全体としての職場の人権に関するポリシーがない（またはあいまいである）」が15.7％などとなっています（**図5**）。

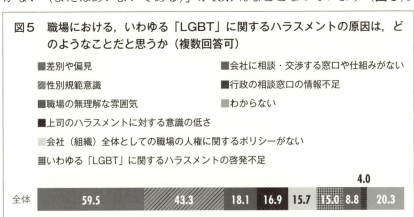

図5　職場における，いわゆる「LGBT」に関するハラスメントの原因は，どのようなことだと思うか（複数回答可）

この結果からすれば，「差別や偏見」，「性別規範意識」という社会全体で取り組むべき原因が最も多く挙げられている一方で，自分の所属する職場に問題があると考える人も少なくなく，社会全体のみならず，個別の職場における理解や意識の低さについても改善が求められているといえます。

2　企業による取組みの実態

　以上のような現状を踏まえ，職場たる会社においては，実際のところ，どのような取組みがなされているのでしょうか。

　経団連によるアンケート調査(注3)によれば，「LGBTに関して，企業による取り組みは必要だと思うか」という質問に対して，「思う」と答えた会社は91.4％であり，ほとんどの会社が取組みの必要性を認識しています。

　また，「LGBTに関して，何らかの取り組みを実施しているか」という質問に対しては，「既に実施」が42.1％，「検討中」が34.3％，「予定なし」が23.2％と，75％を超える会社が，何らかの取組みを実施又は検討中であると回答しています（図6）。

図6　LGBTに関して，何らかの取り組みを実施しているか

　さらに，実施又は検討中の取組みの具体的内容としては，「性的指向・性的自認等に基づくハラスメント・差別の禁止を社内規定などに明記」が75.3％，「社内セミナー等の開催」が69.1％，「LGBTの社員に向けた社内相談窓口の設置」が62.4％などとなっており（図7），多くの会社において，「社内規定の整備」と「基礎知識の普及」という観点からの取組みが行われていることが分かります。

（注3）一般社団法人日本経済団体連合会『LGBTへの企業の取り組みに関するアンケート』（2017年3月実施）

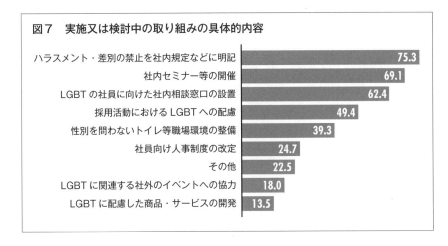

また、連合調査によれば、トランスジェンダーについて、「職場で、いわゆる『トランスジェンダー』の髪型や服装について、どのような配慮が必要だと思うか」という質問に対しては、「性自認（自分が思う性別）に基づいて自由な装いをできるようにする」と回答したのが38.1％、「性自認に基づいた装いをできるように、話し合いや調整を行う」が36.6％、「性自認に基づいた装いをできるように、その必要性を職場で研修する」が18.5％と、多数の人が、自認する性別に基づいた装いができるように取組みを行う必要性を認めています（図8）。

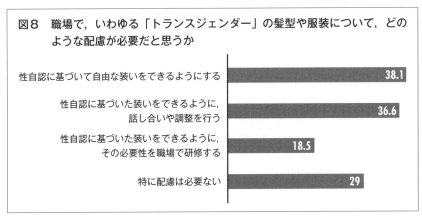

さらに、「職場で、いわゆる『トランスジェンダー』の施設（お手洗いや更衣室等）の利用について、どのような配慮が必要だと思うか」と

いう質問に対しても，「性自認に基づいて無条件に施設利用をできるようにする」という回答が22.5％，「性自認に基づいた施設利用をできるように，話し合いや調整を行う」という回答が47.2％，「性自認に基づいた施設利用をできるように，その必要性を職場で研修する」という回答が20.7％に上っており，この点においても，多数の人が具体的な取組みの必要性を感じていることがわかります（図9）。

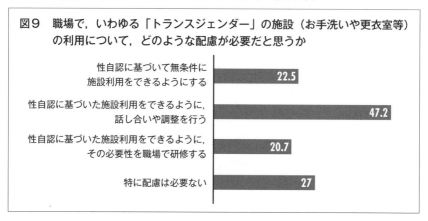

図9　職場で，いわゆる「トランスジェンダー」の施設（お手洗いや更衣室等）の利用について，どのような配慮が必要だと思うか

セクシュアル・マイノリティの人々への配慮を意識した職場環境の改善に向け，会社においては，「社内規定の整備」や「基礎知識の普及」にとどまることなく，より踏み込んだ施策の実現の向けた取組みが求められているといえます。

第2　セクシュアル・マイノリティ対応の必要性

　以上みてきたような職場の現状を踏まえ，ここでは，企業においてセクシュアル・マイノリティに関する取組みを積極的に行うことの必要性を改めて確認したいと思います。

1　個人・多様性の尊重

　まず，大前提として，個人は，あるがままの存在として尊重されるべき存在であり，社会はその上に成り立っています。それ故，憲法13条は，「すべて国民は，個人として尊重される。生命，自由及び幸福追求に対する国民の権利については，公共の福祉に反しない限り，立法その他の国政の上で，最大の尊重を必要とする。」と規定して，個人の尊重を謳っています。

　会社は社員によって構成され，また，その業務は取引先・顧客・消費者・株主等との関係性の中で行われるものです。これらの人々の個性・特性や多様性は基本的な人権として尊重されなければならないという観点が，出発点といえるでしょう。

2　社員との信頼関係

　その上で，セクシュアル・マイノリティの社員の目線からみた場合，たとえ職場においてセクシュアル・マイノリティに関するハラスメントや差別的取扱いが存在していたとしても，そのような職場の現状について問題提起することができず，深い苦悩を抱え続けるというサイクルに陥っている人も少なくありません。なぜなら，日本社会にセクシュアル・マイノリティに対する偏見や差別意識が根強く存在することから，職場においても，自己のセクシュアリティをオープンにすることができない状況にあるからです。

　そのような中で，自分の所属する会社が，セクシュアル・マイノリティへの配慮を踏まえた方針を積極的に打ち出すか否かは，その社員が，

会社において自分という存在が肯定されているのか否かを判断する際の大きな指標となります。会社がセクシュアル・マイノリティに対する積極的な取組み姿勢を表明することは，その社員のカミングアウトの有無にかかわらず，セクシュアル・マイノリティの社員の職場における自己肯定感を助け，会社に対する信頼を深めることになります。その場合，当該社員は，仕事において一層その能力を発揮し，離職防止にもつながるといえるでしょう。

また，セクシュアル・マイノリティではない社員も，それぞれに事情を抱えています。そのような中で，会社がセクシュアル・マイノリティに配慮した施策を打ち出したとしたら，セクシュアル・マイノリティではない社員にとっても，個々の社員の事情に寄り添うという会社の姿勢を認識する機会となり，もし自分自身が会社による個別対応を必要とする場合には誠実に対応してもらえるであろうという安心感を得ることとなるでしょう。

さらに，個々の社員の個性・特性を尊重する職場を提供するという方針を示すことは，優秀な人材を会社に迎え入れる上でも重要な視点です。

3 取引先・顧客・消費者・株主との信頼関係

では，取引先・顧客・消費者・株主からみた場合はどうでしょうか。

それらの関係者においても，セクシュアル・マイノリティの人々が一定数を占めており，個人の尊重という観点からの配慮が必要であることは言うまでもありませんが，それに加えて，会社がセクシュアル・マイノリティに関する積極的な取組みを行うことは，ダイバーシティ（多様性）を踏まえた魅力ある企業であるとの評価，ひいては企業価値の向上につながるものといえます。

特に近年は，取引先について性的指向や性自認に基づく差別禁止を明示的に求める自治体も複数あり（東京都文京区・世田谷区など），また，東京オリンピック・パラリンピック競技大会組織委員会が策定した「調達コード」（東京オリンピック・パラリンピックに関係する物品やサービスなどをどこから調達するかというガイドライン）においても，性的

指向や性自認に基づく差別禁止が明示されており，これを遵守している企業からしか調達を行わないことになっています。

　セクシュアル・マイノリティの人々に対して必要な配慮を行うことは，「望ましい」というレベルではなく，会社が企業として存続していく上で「必要」なものであるということが，このような側面からも明らかとなっているといえます。

4　訴訟リスク

　セクシュアル・マイノリティに対する必要な配慮を行わない場合の法的リスクとして，安全配慮義務（労働契約法5条），職場環境配慮義務（同法3条4項），雇用管理上必要な措置を講じる義務（男女雇用機会均等法11条1項）といった会社が負っている義務に会社が違反したとして，社員から損害賠償請求訴訟などを提起されるという点が挙げられます。また，一人の社員による問題行為（セクシュアル・マイノリティの社員に対するハラスメント行為など）についても，使用者として，会社が責任を負う可能性もあります（民法715条1項本文）。

　最終的に企業に損害賠償責任等が認められるか否かはともかく，訴訟を提起されたことによる社会的評価の低下や，応訴のための人的・金銭的負担など，生じる影響は決して小さくありません。

　訴訟リスクを避けるためにセクシュアル・マイノリティへの配慮を行うなどというのでは主客転倒ですが，会社としては，必要なセクシュアル・マイノリティ対応を怠った場合には上記のようなリスクが現実化し得ることを，念頭に置いておく必要があります。

第3　セクシュアル・マイノリティ対応の具体的内容

以上の検討を踏まえ，セクシュアル・マイノリティに関する職場での具体的な取組方法を整理すると，以下のとおりです。

1 社内規程の策定・周知・公表

まずは，就業規則を始めとする社内規程に，セクシュアル・マイノリティの社員への配慮や対応を具体化した文言を追加したり，規定を新設することから始めるのがよいでしょう。

これまで述べてきたとおり，セクシュアル・マイノリティの人々は，社会における根強い差別・偏見のため，自らのセクシュアリティを隠さざるを得ない状況に追いやられており，見えない存在となっていることが少なくありません。そうであるとすれば，カミングアウトしている社員が存在しないことを理由に，あるいは，セクシュアル・マイノリティに対するハラスメントなどが表面化していないことを理由に，社内規程の整備を先延ばしにすることは，職場の実態を踏まえないものと言わざるを得ません。どの職場にも必ずセクシュアル・マイノリティの社員がおり，ハラスメント等の被害を受けている可能性があることを前提に，社内規程の整備に着手する必要があります。

そして，社内規程を整備したならば，これを社内外に周知・公表することで，会社としての姿勢を明確にするとともに，社員やそれ以外の関係者にも意識の改革を促す必要があります。

具体的な社内規程改定例については，本書第5章「社内規程改定例」をご覧下さい。

2 社内教育

そのようにして社内規程を整備したとしても，その背景にある考え方（個人・多様性の尊重）を社員が十分に理解し，その上で個々の規程を遵守・運用していかなければ，規程を整備した目的を達成することはで

きません。そこで，規程策定の次には，研修などによって社内教育を行う必要がありますが，その際，特に重要な観点は，①ハラスメントの防止と②個人情報保護の2点と考えます。

第1に，ハラスメントの防止についてですが，この点について，国は，以下のとおり指針等を出していますので，これらを念頭に置いた研修を実施することが必要です。

男女雇用機会均等法にかかるセクシュアル・ハラスメント指針

「職場におけるセクシュアルハラスメントには，同性に対するものも含まれるものである。」
「被害を受けた者の性的指向又は性自認にかかわらず，当該者に対する職場におけるセクシュアルハラスメントも，本指針の対象となるものである。」

人事院規則セクハラ防止ガイドライン

「性的な言動」には性的指向・性自認に関する偏見に基づく言動も含まれる。
「セクハラとなりうる言動」には性的指向や性自認をからかいやいじめの対象とすることも含まれる。

厚生労働省のモデル就業規則

第15条（その他あらゆるハラスメントの禁止）
「性的指向・性自認に関する言動によるものなど職場におけるあらゆるハラスメントにより，他の労働者の就業環境を害するようなことをしてはならない」

その上で，理解不足あるいは無意識によって放った一言がセクシュアル・マイノリティの社員や関係者を深く傷つけてしまうという事態を避けるため，どのような発言がハラスメントとなり得るかについて具体例をもって説明をし，社員とイメージを共有することが有用です。ハラス

メントになり得る発言の具体例をいくつか挙げると，以下のとおりです。

【セクシュアル・マイノリティであることを疑ったり探したりする発言】
　×「お前，もしかして，ソッチなんじゃない？」
　×「あの芸能人，絶対ゲイだよね」
　×「8％いるらしいけど，うちの部署だったら誰だと思う？」
　×「まさかうちの会社にはそんな人いないよね」
　×「あの人，オネエみたいな話し方だよね」

【性的指向・性自認についての無理解・誤解に基づく発言】
　×「異性と付き合えば治るんじゃない？」
　×「異性を好きになるように努力した方がいいんじゃない？」
　×「まだ本当に好きな人と出会ってないだけだよ」
　×「もうちょっと女らしく（男らしく）した方がいいよ」
　×「性同一性障害なら手術して戸籍変えたら？　変えないってことはそこまでじゃないってことでしょ」
　×「俺を襲わないでね」

【差別や偏見を明示したり正当化するような発言】
　×「気持ち悪いと思うのは勝手でしょ」
　×「普通じゃないんだから，ある程度の区別は仕方ないよね」
　×「自分の子がそうだったら嫌だな」

　上記のとおり，セクシュアル・マイノリティの人々が「見えない」ということは「いない」ことを意味しません。そのことを十分に念頭に置いた上で，自分の何気ない発言がセクシュアル・マイノリティであるかもしれない同僚を傷つけている可能性があることを，全ての社員が常に意識することが必要です。
　セクシュアル・マイノリティに対するハラスメントに関する具体的な事例と対応方法については，本書第3章「社内Q&A」をご覧下さい。

第2に，個人情報の保護についてですが，性的指向や性自認などのセクシュアリティは，個人のプライバシーに属する事柄であるため，仮に会社がある社員のセクシュアリティを知ることとなった場合には，アウティング（本人の承諾なく，本人が公表していないセクシュアリティを第三者に伝えること）が起こらないよう，適切に管理する必要があります。

　特に，業務上個人情報に触れる機会の多い人事や労務に携わる社員や，セクシュアル・マイノリティの社員からの相談を受ける可能性の高い管理職に対しては，アウティングという行為が本人の心身に対して大きな影響を及ぼすものであり，実際にアウティングによる自殺という事件も起こっているということを含め（本書第1章第5「訴訟事例」参照），念入りな教育を行うべきでしょう。

　アウティングと同様に，カミングアウト（自らのセクシュアリティを自覚し，それを自らの意思で他者に伝えること）の強制についても，それが許されない行為であることを周知させておく必要があります。

　アウティング及びカミングアウトの強制に関して生じ得る具体的な事例と対応方法については，本書第3章「社内Q＆A」で記載しています。

3 相談窓口の整備

　社内規程の整備，社内教育と並行して用意しておくべきものが，相談窓口です。セクシュアル・ハラスメントについては，既に相談窓口を設置している会社も多いと思いますが，それに加えて，セクシュアル・マイノリティに関連する事柄について相談できる窓口を整備しておくことは，非常に大切です。

　相談窓口があることによって，実際にはハラスメント等を受けたことがなくても，将来万が一ハラスメント等を受けたときに相談できる先があるとの安心感を社員に与えますし，このような窓口を設けること自体がセクシュアル・マイノリティに対する会社の姿勢を示すこととなり，セクシュアル・マイノリティである社員らに対しての間接的なサポートにもなります。

また，セクシュアル・マイノリティの社員だけでなく，その周りの社員が対応に迷った場合（例えば，カミングアウトを受けた場合など）に指針を示してくれる場所を設けておくことは，アウティングなどの被害を防止する上でも重要です。

相談窓口設置にあたっては，くれぐれも相談者の対応による二次被害が生じないよう，相談担当者の研修を徹底するとともに，相談で知り得た秘密を厳守する体制を整えることが必要不可欠です。

4 労務管理の各場面における対応

会社としては，上記のような観点を踏まえ，労務管理の各場面において適切な対応を行う必要がありますが，職場において実際に起こり得る事例と対応方法については，本書第3章「社内Q&A」にて場面ごとに解説していますので，そちらを参考にしていただければと思います。

ただ，いずれの場面においても共通するのは，セクシュアル・マイノリティである社員に現状を甘受させる方向で調整を図るのではなく，当該社員のセクシュアリティを尊重することを大前提として，そのために会社が何をすべきかを具体的かつ積極的に検討していく必要があるということです。他の社員が違和感を持つかもしれない，取引先が難色を示すかもしれない，前例がないなどという理由で消極的な姿勢に終始することは，社員からの信頼を失い，企業としての価値を下げるにとどまらず，法的リスクを負うことも意味します。

セクシュアル・マイノリティの人々は，決して特異な存在ではなく，セクシュアリティは個人が有する個性ないし特徴の一つにすぎません。セクシュアル・マイノリティの社員が過ごしやすい職場環境を整備することは，その他のマイノリティ（女性，外国人，障がい者など）の社員や様々な事情を抱えている社員にとって過ごしやすい職場環境を整備することでもあります。セクシュアル・マイノリティの問題は，決して当該社員だけの問題ではなく，全ての人に通じる問題であることを念頭に置いた上で，各場面において誠実に対応することが求められています。

第3章

社内Q&A

第1 採用

【採用時のセクシュアリティ確認の可否】

> **Q1** 社員を採用するにあたり，志望者の性自認や性的指向を確認しておきたいのですが，これらの事実を確認することに法的なリスクはあるでしょうか。

> **A** 不用意に個人の性自認や性的指向を確認することは不法行為を構成しかねず，原則として差し控えるべきと思われます。
>
> なお，志望者がセクシュアル・マイノリティであることのみを理由として採用の可否を決めることは，採用上の差別となり，それ自体が不法行為を構成する可能性があります。

解説

1 採用の自由の原則と調査の自由の限界

会社が社員を採用する場合，会社は当該社員との間で雇用契約を締結します。雇用契約も契約である以上，基本原則たる契約締結の自由が妥当しますので，一方当事者である会社は，募集方法・採用基準を自由に決定し，誰を採用するか選択することができるのが原則です。そして，判例上，このような意味での会社の採用の自由は，非常に広いものとして理解されています[注1]。したがって，ある会社が，志望者の特定の属性に着目した採用を行ったとしても，そのような採用方針自体は，当然には違法の評価を受けないものと考えられ，その理解は判例上も確立されています[注2]。

しかし，採用の自由がこのように広く認められるとしても，だからと

(注1) JR北海道日本貨物鉄道事件（最判平成15年12月22日民集57巻11号2335頁）。
(注2) 三菱樹脂本採用拒否事件（最判昭和48年12月12日民集27巻11号1536頁）。もっとも，同判例は，昭和48年当時の社会情勢を背景にしたものであり，今日の国内外をとりまく情勢に鑑みると，同判例で認められたような広範な裁量が現在も会社に認められるかについては，議論があり得るように思われます。

いって採用に伴う調査の自由も無制限ないし広く認められる，というような論理的必然性は，以下のことからすれば，ないと考えます。

　まず，ある会社の企業目的等に照らして「このような社員を採用したい」という具体的なニーズがあるのであれば，そのような志望者を社員として採用するために必要となる調査も，上記の具体的なニーズの内容に応じて合理的に必要な範囲に限定されるというべきです。必要のない調査をすることは，採用に係る企業目的に資するものではない以上，単に志望者のプライバシーを侵害するだけの結果になりかねません。

　加えて，採用の場面では会社が優位な立場にあり，志望者は，会社からの調査事項に対しては，たとえ任意回答であったとしても，それを拒否することが難しい立場に置かれています。そうであれば，会社による調査は，結果的に志望者に対して強制的に回答を求めることとなってしまうおそれがあるため，志望者における人格権ないしプライバシー権が高度に保障されるべき情報については，そもそも原則として調査を行うべきではないと考えられます。

2　個人の性自認・性的指向に対する法的な保護

　ここで，ある個人が，どのような性自認・性的指向を持つかという点は，当該個人の人格の一部を構成する事柄といえます。したがって，個人が，性自認・性的指向について不当な抑圧や侵害を受けないという利益は，強度な法的保護が要請される人格権の一部を構成すると考えられます。同時に，ある個人が，どのような性自認・性的指向を有しているかということは，個人のプライバシーに属する事柄でもあり，これが第三者によってみだりに公開されないという利益も，プライバシー権として法的に保護されると考えられます。

　特に，プライバシーの側面に関していえば，セクシュアル・マイノリティの人々の中には，様々な事情で，自らの性自認・性的指向を明らかにしていない，あるいは明らかにすることができない人が少なくありません。性自認・性的指向の申告を強制すること（カミングアウトの強制）や，本人の意思に反して第三者がその人の性自認・性的指向を明らかにすること（アウティング）は，本人に致命的な苦痛・不利益を生じさせ

ることがありますので，特に留意する必要があります。

3　個人の性自認・性的指向の申告を強いる行為の違法性

　志望者が，その性自認・性的指向に関して人格権ないしプライバシー権という法的な権利を有している以上，会社がこれを侵害する行為は，民法上，不法行為（民法709条，同710条）に該当し得ることになります。

　この点に関し，例えば，B型肝炎ウイルス感染検査事件(注3)は，B型肝炎ウイルスへの感染の有無のようなプライバシー権に基づき保護されるべき健康情報については，志望者の適性判断に必要である等の特段の事情がない限り会社による調査が制限されることを明らかにしており，仮に特段の事情が認められるような場合であっても，志望者本人に対し，その調査目的や必要性について告知し，同意を得た上でなければ，調査を行うことはできないと判示しています。

　このような考え方に従えば，会社が，志望者のプライバシー権に基づいて保護される情報を不必要に収集する行為は，採用の自由にかかわらず，むしろ原則として禁じられるものであると考えられます。

　上記の裁判例の理解に基づいてご質問のケースを検討すると，一般的にいえば，会社による志望者の性自認・性的指向の確認が許されるような特段の事情が認められることは考え難いため，そのような特段の事情もなく行われる会社による調査・確認行為が，志望者の人格権ないしプライバシー権を違法に侵害するものとして，不法行為に該当すると判断されることが考えられます。したがって，そのような調査・確認は，基本的には差し控えるべきでしょう。

　なお，（通常は考え難いことながら）万が一そのような調査・確認を行うための特段の事情（いうまでもなく，客観的に合理性の認められるものに限られます）が例外的に会社側に認められる場合だとしても，少なくとも志望者本人に対し，その調査・確認の目的や必要性について告知し，申告が任意であって申告の有無・内容は採否に影響を与えるものではないことを明らかにした上でなければ，やはり志望者の人格権ないしプライバシー権を違法に侵害するものとして，不法行為に該当すると

(注3)　東京地判平成15年6月20日労判854号5頁

判断される余地があることになりますのでご留意下さい。

4　セクシュアル・マイノリティであること自体を理由とする採用拒否の違法性

　付言すれば，雇用の分野における男女の均等な機会及び待遇の確保等に関する法律（以下，「男女雇用機会均等法」）においては，性別を理由とする募集・採用差別が男女双方について禁止されているほか（同法5条），募集・採用にあたり一定の身長・体重・体力要件を設けること等の間接差別も，原則として（つまり合理的な理由がある場合を除き）禁止されています（同法7条及び同法施行規則2条1号）。

　この点，ご質問のような調査がセクシュアル・マイノリティに対する募集・採用段階における差別的取扱いを行う趣旨であった場合，そのような調査は確かに，男女雇用機会均等法がもともと想定していた，生物学的意味での男女の性別を理由とした差別そのものとはいえません。

　しかし，性の概念の多様性が認識されている今日，個人の性という人格の一部を構成する要素による差別を許容しないという男女雇用機会均等法の趣旨に鑑みれば，セクシュアル・マイノリティであることそれ自体を理由とする採用拒否は，男女雇用機会均等法の趣旨に反する行為として違法となり，不法行為を成立させるものと解すべきです[注4]。

　また，そもそも，本人にコントロールできない事情に基づく差別的取扱いは，憲法14条が保障する「法の下の平等」の趣旨に反するものであり，公序良俗（民法90条）違反として違法無効になるとも考えられます[注5]。

5　企業取組例

　中外製薬株式会社，株式会社ラッシュジャパンなど多数の企業が，採用面接者向けのマニュアルに性的指向や性自認に基づく差別を一切容認しない旨記載しています。

　また，日本電信電話株式会社，株式会社NTTドコモなど多数の企業が，エントリーシートに性別欄を設けない，あるいは，「その他」の欄を設けるなどして，採用志望者に対する配慮を行っています。

(注4)　かかる見地からは，ご質問にあるような調査・確認は，男女雇用機会均等の趣旨に反すると考えることもできるでしょう。
(注5)　厚生労働省「公正な採用選考をめざして」（平成30年度版）においても，「採用基準（選考基準）」として，「LGBT等の性的マイノリティの方など特定の人を排除しない」ことが掲げられており，その理由として「法の下の平等」の精神に反する旨が記載されています。

【性自認を理由とする内定取消しの可否】

Q2 履歴書の性別欄で「男」に〇を付け，採用面接時には男性らしい言動であった人物を営業職で採用内定としたところ，当該内定者が，内定後になって，「自分は，戸籍と外見の上では男性だが自認する性別は女性であるトランスジェンダーなので，理解をいただきたい」として，女性の話し言葉を使い，女性的な服装をするようになりました。

これに関し，複数の社員から，「あの内定者と一緒に働くことは難しい」といった意見が寄せられています。内定を取り消すことはできるでしょうか。

A 採用内定を取り消すことは難しいと思われます。

仮に会社の業務に具体的な支障が出たとしても，そのことはむしろ，社内で，トランスジェンダーを含むセクシュアル・マイノリティに対する理解が欠如していることを示しているということができますので，社内研修などを通じてセクシュアル・マイノリティに対する理解を深めることによって対処するべきでしょう。

解説

1 採用内定の法的性質

会社が採用志望者に対して内定通知を行う行為の法的性質については，大日本印刷事件[注1]が，「いわゆる採用内定……の実態は多様であるため，採用内定の法的性質について一義的に論断することは困難というべ

(注1) 最判昭和54年7月20日民集33巻5号582頁

きである。したがって，具体的事案につき，採用内定の法的性質を判断するにあたっては，当該企業の当該年度における採用内定の事実関係に即してこれを検討する必要がある」と判示しているように，事案ごとの判断が要求されるところです。

ただ，同判例においてもそうであったように，裁判例においては，採用内定により会社と採用志望者との間で労働契約が成立すると判断されたものが少なくないため，ご質問のケースにおいても，当該内定者との間で労働契約が成立していることを前提として回答します。

2 採用内定取消しの可否の判断基準

上記のとおり，採用内定については，これにより労働契約が成立しているとみられる場合が少なくありませんが，その一方で，採用内定時には，実際に就労していないが故に内定者の能力の欠如が判明しづらいといった要素が存在するため，通常一般の労働契約とは異なり，特別な事由に基づく解約権が会社側に留保されていると解されます。つまり，多くの場合，採用内定の法的性質は，「留保解約権付労働契約」であると解され，したがって，採用内定取消しの可否は，会社側に留保された解約権の行使が認められるか否かによって判断されることになります。

ただし，会社が内定を取り消す行為は，労働契約の解約（すなわち，解雇）と位置付けられる以上，留保解約権の行使にあたっても，社員を解雇する場面において適用される解雇権濫用法理が適用され（労働契約法16条），相当な理由を欠くような留保解約権の行使は無効とされることになります。

この点，前掲大日本印刷事件の最高裁判決は，採用内定の取消事由は，①採用内定当時知ることができず，また知ることが期待できないような事実であって，②これを理由として採用内定を取り消すことが解約権留保の趣旨・目的に照らして客観的に合理的と認められ社会通念上相当として是認することができるものに限られると解するのが相当であると判示しており，留保解約権行使の適法性判断の具体的な判断基準を明らかにしています。

3 ご質問のケースにおける内定取消しの可否

本件の内定者は，履歴書の性別欄の「男」に〇を付け，採用面接時には男性らしい言動であったところ，内定後になって，トランスジェンダーであると述べているところ，これを理由として採用内定の取消しができるかが問題になります。

(1) 採用内定当時知ることができず，また知ることが期待できないような事実に該当するか

内定者本人の説明を前提とする限り，同人は，トランスジェンダー（戸籍上の性別ないし身体的性別に違和感があり，それとは異なる性別として生きたいと望む人）であると考えられます。この場合果たして，当該内定者がトランスジェンダーであるという事実が，会社が「採用内定当時知ることができず，また知ることが期待できないような事実」に該当するのでしょうか。

この点，当該内定者は，自らを女性と認識しているにもかかわらず，それを秘して履歴書の性別欄に「男」と記載したとして，虚偽申告に該当するという考え方もあるかもしれません。しかし，戸籍上又は生物学上の性別を履歴書上申告の対象としている場合に，それに加えて自認する性別やトランスジェンダーであることまでを事実として申告しなければ虚偽の事実の申告となると考えるべきではないでしょう。

それ以前に，会社は，信義則（労働契約法3条4項，民法1条2項）に基づく配慮義務として，社員の自由・名誉・プライバシー等の人格的利益を尊重すべき義務を負うと解釈されており[注2]，多くの裁判例も，労働契約上の付随義務として，会社は信義則上「職場環境配慮義務」（社員にとって働きやすい職場環境を保つよう配慮すべき義務）を負うとしています[注3]。会社のこのような義務を踏まえれば，トランスジェンダーであることに起因して業務上の具体的な支障が生じ得ると安直に考えることは許されず，トランスジェンダーであるという事実は，そもそも採用内定の取消事由となり得る重要な事実には該当しないと考えられます。

よって，ご質問のケースでは，採用内定を取り消し得るだけの重要性

(注2) 土田道夫『労働契約法』129頁（有斐閣，第2版，2016）
(注3) 東京高判平成27年10月14日，広島高判平成16年9月2日労判881号29頁など

をもった事実に関する虚偽の申告はそもそもなされておらず，前掲最高裁判決がいうところの「採用内定当時知ることができず，また知ることが期待できないような事実」であることという要件を満たさないと考えるべきです(注4)。

（2）客観的に合理的と認められ社会通念上相当として是認することができるか

上記に加えて，会社が，内定者がトランスジェンダーであることを理由として内定を取り消すことは，以下の理由により，「これを理由として採用内定を取消すことが解約権留保の趣旨，目的に照らして客観的に合理的と認められ社会通念上相当として是認することができるもの」であることという要件も満たさないと考えるべきです。

すなわち，通常，会社において，トランスジェンダーではない社員が遂行する業務内容を，トランスジェンダーである社員が行えないと考えることに合理性があるとは考え難く，自らを男性と認識しているか女性と認識しているかで業務遂行能力に差異が生じるとは考えられません。また，本件で問題となっているような，女性の話し言葉を使ったり女性的な服装をするといったことが，当該内定者を当該会社内で労働に従事させることができないことを根拠付けるともいえません。加えて，上記のとおり，会社が各社員に対して職場環境配慮義務を負っていることも踏まえると，内定者がトランスジェンダーであることを理由として採用内定を取り消すことは，客観的に合理的と認められ社会通念上相当であるとして是認されるものではないと考えられるためです。

以上より，結論として，本件の場合に採用内定を取り消すことはできないと考えます。

4　社内研修等による理解促進

ご質問のケースにおいて，会社が当該内定者の内定を取り消すことができないと考えられることは上記のとおりですが，複数の社員から「あの内定者と一緒に働くことは難しい」といった苦情が寄せられていると

(注4) 本件と反対に，内定者が，戸籍上の性別と異なる自認する性別を履歴書に記載していたことが後に判明した場合にも，やはり，そのことが内定取消事由に該当すると解すべきではないと考えます。なぜなら，内定者としては，自認する性別こそが自己の性別であることから，それを履歴書に記載したにすぎませんし，また，トランスジェンダーであることが申告すべき事由に該当するものではないことは上述のとおりであるからです。

いうことですから，会社として何らかの対処をすべき状況にあります。
　この点については，会社側で，トランスジェンダーを含むセクシュアル・マイノリティに対する社員の理解を深めるべく，社内研修や社内報などによりセクシュアル・マイノリティに関する知識を周知することが考えられます。
　こうした対応を行い，当該内定者が就労しやすい環境を作ることも，会社が各社員に対して負っている上記職場環境配慮義務の一環として必要というべきでしょう。

5　企業取組例

　日本電信電話株式会社，野村ホールディングス株式会社など多数の企業が，新入社員研修，採用・人事担当者向けにセクシュアル・マイノリティに関する勉強会などを実施しています。

【同性社員への愛情表現を理由とする本採用拒否の可否】

Q3 当社は、採用において試用期間を設けていますが、これまで実際に本採用を拒否したことはありません。しかし、今回、新卒採用者に、同性の社員に対して告白をするなどの愛情表現を行う者がいます。

この新卒採用者は当社の風紀を乱しているように見受けられるので、本採用を見送りたいと考えていますが、問題ないでしょうか。

A 試用期間付労働契約において本採用を見送るためには、一般の労働契約において解雇を行うのと同様の事情が存在することが必要です。

ご質問にある事情のみでは、解雇を行うのと同様の事情が存在するとはいえず、本採用の見送りは認められないと考えられます。

解説

1 試用期間の法的性質

入社後、正社員としての本採用の決定に先立ち、試用期間が設けられることがあります。一般的に、実際に就労させながら、当該社員が能力や適応力を有しているかを最終チェックすることが試用期間の主たる目的であるとされています。

このような試用期間の法的性質については、三菱樹脂本採用拒否事件[注1]において、社員として不適格であると認めたときは解約できるという特別の解約権が留保された期間であると判断されています。

(注1) 最大判昭和48年12月12日民集27巻11号1536頁

2　本採用見送りの可否の判断基準

　三菱樹脂本採用拒否事件判決によれば，①会社が，当該社員に関し，採用決定後の調査の結果又は試用期間中の勤務状態等により，当初知ることができず，また知ることが期待できないような事実を知るに至った場合であり，かつ，②その者を引き続き雇用するのが適当でないと判断することが客観的に合理的と認められ社会通念上相当として是認することができる場合にのみ，本採用を見送ることが許されることになりますので，ご質問のケースにおいてそのような事情があるかが問題となります。

（1）「当初知ることができず，また知ることが期待できないような事実」に該当するか

　本件の場合，新卒採用者は，同性の社員に対して愛情表現を行っているということです。

　この点，当該社員の行為が，セクシュアル・ハラスメントに該当し得るような悪質な行為であって，しかも会社からの注意にもかかわらずそのような行為が繰り返し行われているという場合であれば，そうした人物であるという事実は，会社において試用開始当初知ることができず，また知ることが期待できないような事実であり，本採用の見送り事由となるほどの重要性を有する事実と評価し得る場合があるでしょう。

　しかし，当該社員の行為自体がセクシュアル・ハラスメントとは言い難い内容・態様で行われるものにすぎなかったとすればどうでしょうか。このような場合，当該行為が「同性」の社員に対して行われていることのみに着目して，「当該社員が，同性愛者又はトランスジェンダーであることを申告しなかったこと」をもって本採用の見送り事由と位置付けることなどは，許されないというべきです。

　なぜなら，性自認・性的指向がどのようなものであるかによって業務遂行能力に差異が生じることはなく，また，会社が各社員に対して職場環境配慮義務（社員にとって働きやすい職場環境を保つよう配慮すべき義務。労働契約法3条4項，民法1条2項）を負っていることも踏まえれば，会社での就労上，性自認・性的指向に関する事実についての申告

がなかったとしても，その不申告の事実は，本採用の見送り事由となるような重要な事実ということはできず，前掲最高裁判決がいうところの「当初知ることができず，また知ることが期待できないような事実」であることという要件を満たさないと解すべきだからです。

（2）客観的に合理的と認められ社会通念上相当として是認することができるか

　一方，「その者を引き続き雇用するのが適当でないと判断することが客観的に合理的と認められ社会通念上相当として是認することができる場合」という要件については，ご質問のケースでは，いずれにせよ満たされないことが多いと思われます。

　すなわち，もし，当該行為が「同性」の社員に対して行われていることのみをもって「風紀を乱しているように見受けられる」のであれば，それは，採用内定取消しに関して述べたところと同様，セクシュアル・マイノリティに対する社内の理解が欠如していることを示しているといえます。これについては，社内研修などを通じて，セクシュアル・マイノリティに対する理解を深めることによって対処すべきと考えます。

　また，当該社員の行為がいわゆるセクシュアル・ハラスメントに該当する場合であっても，直ちに本採用を見送ることに合理性があるとは考えられず，むしろ，適切な研修や個別的な指導に基づいて当該社員の考え方を改めさせる機会を与えるというステップが踏まれるべきです。もちろん再三の注意によってもなお反省の色がないような場合に懲戒処分を行う余地はありますが，ご質問にあるような事情のみでは少なくともいきなりの懲戒解雇は困難であり，また労働契約法16条に定める普通解雇のための要件も満たすことはないと思われます。

　よって，本採用を見送ることが客観的に合理的と認められ社会通念上相当として是認できるだけの事情については，ご質問のケースの事情のみを前提とする限り，認められないと考えるべきです。

【トランスジェンダーであることの社内共有の可否】

Q4　「戸籍上の性別と生物学的な性別は女性だが自認する性別は男性のトランスジェンダーである」と自己申告している人を採用することにしました。本人からは，「最初から男性として入社したい」と言われています。その人がトランスジェンダーだということは，社内で共有しておくべきでしょうか。

A　本人の同意なくトランスジェンダーであることを社内で共有することは，プライバシー侵害となるため許されません。

　社会保険等の手続上，その手続を担当する社員には，新たに採用する社員がトランスジェンダーであることが判明してしまうおそれは否定できませんが，そこからのアウティングが起こらないよう，研修を含め，普段から社員の教育をしておくことが大切です。

解説

1　基本的な考え方

　個人がどのような性自認や性的指向を有するかは，当該個人の人格そのものを構成する事項の一つです。また，プライバシーの権利を，「個人の人格的生存にかかわる重要な私的事項を各自が自律的に決定できる自由」と捉えるならば[注1]，個人がどのような性自認や性的指向を有しているかということは，まさにプライバシーに属する事柄といえます。したがって，これが第三者によってみだりに公開されないという利益は，プライバシー権又は人格権として法的に保護されているといえるでしょ

(注1)　芦部信喜著・高橋和之補訂『憲法』122頁（岩波書店，第六版，2015）

う。

　よって，戸籍上の性別と生物学的な性別は女性ながら自認する性別は男性であるという事実を，本人の承諾なく第三者と共有したり第三者に伝達したりすることは，社内におけることであったとしてもプライバシー権や人格権の侵害となり，それを行った社員や会社が不法行為責任（民法709条，710条，715条１項本文）を追及されるおそれがあります。社員（看護師）がHIVに感染していることを，当該社員の事前の同意なく会社（病院）内の他の社員との間で情報共有したことが，当該社員のプライバシー権を侵害するものとして，会社の不法行為責任が認められた事例もありますので[注2]，十分に留意される必要があります。

　一方，人によっては，職場の上司や同僚に自身がトランスジェンダーであることを知っておいてほしいと考えている場合もあります。もし本人から自発的にそのような申出を受けた場合には，どの範囲の人間に共有しておくのかなどについて，事前に本人と綿密に打合せを行うべきです。

2　会社の書類手続等から発生し得る問題

　ご質問のケースの場合，当該社員について社会保険への加入手続等を行う際に，その社員から提出された公的書類上の性別（女性）と採用時に申告していた自認する性別（男性）とが異なっていることから，上記手続を担当する部署の社員には，その人がトランスジェンダーであることが判明してしまうおそれがあります。

　そのため，当該社員に対しては，書類手続の関係でやむを得ず，少なくとも社会保険加入手続等の担当部署の社員にはトランスジェンダーであることがわかってしまうおそれがあることを，事前に説明しておくべきでしょう。

3　社内教育の重要性

　上述のとおり，社会保険手続等の関係で，少なくとも当該手続を担当する部署の社員が，新たに採用する社員がトランスジェンダーであることを知る可能性は否定できません。その場合に危惧されることは，その

(注2)　福岡高判平成27年１月29日労判1112号５頁

事実を，当該手続を担当する部署の社員が，他の社員に告げてしまうことです（いわゆるアウティングの問題）。

そのため，会社としては，セクシュアル・マイノリティについて全社員を対象とした研修を行うほか，社員の中でも従業員の機微情報に触れ得る人事部等の社員については特に十分な研修を行い，仮に特定個人の性自認や性的指向について知ったとしても，それを本人の承諾なしに他者に伝えることは重大な法的問題に発展するおそれがあるという意識付けをしておくことが肝要です。

4 企業取組例

楽天株式会社では，全従業員や直属の上司が閲覧できる人事情報システムにおいて性別の公開・記載を一切しておらず，性別については人事担当者のみが閲覧可能な仕組みを採用しています。

また，ジョンソン・エンド・ジョンソン日本法人グループは，トランスジェンダーである社員について，必要に応じて戸籍上の性別と社内での性別の2種類を人事情報として登録できる制度を採用しています。

COLUMN

セクシュアル・マイノリティを積極的に採用する取組みについて

　現在、日本では、性別に着目した優遇措置として、女性に対する積極的改善措置であり厚生労働省が推進する「ポジティブ・アクション」（固定的な男女の役割分担意識や過去の経緯から、管理職の大半を男性が占めている等の差が男女労働者の間に生じている場合に、このような差を解消するために個々の企業が行う自主的かつ積極的な取組み）が展開されています。これと同様に、会社における新たな取組みとして、セクシュアル・マイノリティの人々を積極的に採用するということも考えられ得るところかもしれません。

　しかし、セクシュアル・マイノリティの人々について「ポジティブ・アクション」を会社が導入するには、女性の場合と異なり、検討されるべき様々な問題があると思います。例えば、かかる制度の導入によって結果としてカミングアウトの強制になってしまうのではないか、カミングアウトする人としない（できない）人との間での公平性はどのように保たれるのか、といった問題です。

　セクシュアル・マイノリティの人々が職場において有形無形の不利益を被っていることは事実であり、それは速やかに是正されるべきですから、そのための一つの選択肢として「ポジティブ・アクション」を検討すること自体には意義があると思いますが、最も大切なことは、セクシュアル・マイノリティの人々がカミングアウトしていてもしていなくても支障なく過ごせる職場環境を作っていくことです。そのために会社ができること・すべきことに真摯に向き合う姿勢が求められていると思います。

第2　人　事

【自認する性別に基づく髪型・服装を理由とする配置転換の可否】

Q5　営業職に就くある男性社員が，最近，髪型と服装を女性的に変更し，女装したような外見になっています。その社員に理由を確認したところ，「性同一性障害で，自らを女性と認識しているため」とのことでした。
　取引先が違和感を持つと思われるので，この社員を事務職に配置転換したいと思うのですが，問題ありませんか。

A　配置転換する業務上の必要性は乏しいものと思われます。逆に，不当な動機や目的等をもった配置転換であると推測され，また，その社員が通常甘受すべき程度を著しく超える不利益を受けるとして，配置転換命令が無効と判断される可能性が高いと考えます。

解説

1　配置転換命令権

　社員の配置の変更であって，職務内容又は勤務場所が相当長期にわたって変更されるものを「配転」といい，このうち同一勤務地内（事業所）の勤務個所（所属部署）の変更を「配置転換」といいます。
　長期雇用の労働契約関係においては，会社に社員の職務内容や勤務地を決定する権限が帰属することが予定されているため，会社は労働契約上の配置転換命令権を有しており，同権利に基づくものとして原則的に配置転換命令は有効であると評価されます。このことを明らかにするため，会社は，就業規則や労働協約上の配転条項（例：「業務の都合により，出張，配置転換，転勤を命じることができる」等）によって，配転

を命じることができる旨を規定していることが一般的です。

ただし、以下に述べる職種限定特約がある場合や、配置転換命令権の濫用(労働契約法3条5項)に該当する場合には、例外的に同命令が無効と評価されることがあります。

2 職種限定特約がある場合

まず、労働契約上、職種や職務内容、勤務場所が限定されている場合は、社員の同意なく職種変更の配置転換を行うことはできません[注1]。

例えば、医師、看護師、技師、自動車運転手等の特殊な技術・技能・資格を有する者の職種を定めて雇い入れている場合や、長年同一の専門職種に従事させている場合等には、当該社員との間で職種限定の合意があると判断され、これに沿わない配置転換命令は無効とされることがあります[注2]。

3 配置転換命令権の濫用に該当する場合

また、会社側の事情と社員側の事情を比較考量して配置転換命令権の濫用となる場合には、配置転換が無効と判断されることがあります[注1]。

具体的には、配置転換に業務上の必要性がない場合(下記①)のほか、配置転換命令権の濫用とみなすべき特段の事情がある場合(下記②ないし③)には、配置転換命令権の濫用として、無効と評価されることになります(この判断枠組みにつき、注3)。

① 業務上の必要性

労働力の適正配置、業務の能率増進、社員の能力開発、勤務意欲の高揚、業務運営の円滑化等、会社の合理的運営に寄与する点があれば、業務上の必要性は肯定されますが[注1]、このような業務上の必要性が認められない場合には、配置転換命令権の濫用と評価され得ることになります。

② 他の不当な動機・目的の有無

業務の必要性と関連のない、他の不当な動機・目的によると認められる場合には配置転換命令権の濫用になり得ます。

この点、従前の業務との乖離が大きい業務へ配置転換をする場合には、

(注1) 菅野和夫『労働法』684〜689頁(弘文堂、第11版補正版、2017)
(注2) 日野自動車工業事件(東京地判昭和42年6月16日労民18巻3号648頁)、日本テレビ放送網事件(東京地判昭和51年7月23日労判257号23頁)。なお、配転を肯定した判例として、最判平成10年9月10日労判757号20頁
(注3) 東亜ペイント事件(最判昭和61年7月14日労判477号6頁)

嫌がらせや見せしめ等の不当な動機・目的の存在が推認され，違法な濫用的配置転換命令と判断される可能性が高くなります[注4]。

③ 当該社員への影響

上記①に記載した業務上の必要性と当該社員の不利益とを比較衡量し，当該社員において「通常甘受すべき程度を著しく超える不利益」が生じていると判断される場合には，配置転換命令権の濫用として無効となります。

4 ご質問のケースについての検討

(1) 職種限定特約の有無の確認

まず，職種限定特約がある場合には，そもそも配置転換命令は無効と判断されることになります。そのため，まずは，当該社員との間の労働契約に職種限定特約が存在しないことを確認する必要があります。

(2) 配置転換命令権の濫用の有無

次に，当該社員との間の労働契約に職種限定特約がない場合であっても，前記3の判断基準に照らし，配置転換命令権の濫用に該当しないかを検討する必要があります。

ご質問のケースの場合，「取引先が違和感を持つと思われる」とのことですが，そのような抽象的な不安感が，業務上の必要性の要件を満たすとは一般的には考えがたいでしょう。

また，仮に，取引先が実際に違和感を表明した場合であっても，それは，セクシュアル・マイノリティに対する不理解や差別・偏見に基づくものと言わざるを得ません。こうした取引先に対しては，会社としても自社のセクシュアル・マイノリティに関するポリシーをきちんと説明する等して理解を得ることが望ましく，それが，会社が各社員に対して負担する職場環境配慮義務（社員にとって働きやすい職場環境を保つよう配慮すべき義務。労働契約法3条4項，民法1条2項）に適うところでもあるといえます。

(注4) 米国銀行東京支店の預送金課の元課長に対して行った総務課（受付）への配転につき，「元管理職をことさらにその経験・知識にふさわしくない職務に就かせ，働きがいを失わせるとともに，行内外の人々の衆目にさらし，違和感を抱かせ，やがては職場にいたたまれなくさせ，自ら退職の決意をさせる意図の下にとられた措置ではないかと推知され」，「原告（筆者注：前記元課長）の人格権（名誉権）を侵害し，職場内外で孤立させ，勤労意欲を失わせ，やがて退職に追いやる意図をもってされたものであり，裁量権の範囲を逸脱した違法なもの」であると判断し，前記元課長のした慰謝料請求を認容した事例として，バンクオブアメリカイリノイ事件（東京地判平成7年12月4日労判685号17頁）参照。

よって，取引先が実際に違和感を表明していたとしても，それによって直ちに配置転換を行う業務上の必要性が認められるわけではないと考えます（前記3①）。
　そして，当該社員について配置転換を命じることの業務上の必要性の不存在は，不当な動機・目的の存在が推認され得るということでもあります。その意味で，ご質問における配置転換についても，上記程度の「業務上の必要性」しかないものである限り，セクシュアル・マイノリティに対する差別意識に基づく嫌がらせや見せしめ等の不当な動機・目的の存在が推認されることもあり得ると考えられます（前記3②）。
　上述のとおり配置転換をする業務上の特段の必要性はないと考えられる一方で，従来の営業職と業務内容が大きく異なる事務職に配置転換されることで当該社員がそのキャリア上受ける不利益の大きさに鑑みれば，当該社員においては「通常甘受すべき程度を著しく超える不利益」があるといえるでしょう（前記3③）。

(3) 小　括

　以上からすれば，ご質問のケースの場合，仮に職種限定特約が存在しないとしても，配置転換命令権の濫用にあたるものとして，会社による配置転換命令は無効であると判断される可能性が高いと考えます。
　したがって，取引先が違和感を持ちそうだからという理由で安易に事務職への配置転換命令を下すべきではなく，まずは取引先も含めて当該社員の就業のあり方への理解が得られるよう会社として真摯な努力をすべきであり，その上でなお配置転換命令が真にやむを得ないのかどうか，慎重に検討することが望ましいと考えます。

【同性パートナーの介護を理由とする転勤拒否の可否】

Q6 ある男性社員に遠方への営業所への転勤を内示したところ,「私には長年生活を共に営んできた同性のパートナーがいます。彼は,病気を抱えて入院生活をしており,私しか介護できる者はいないので,転勤はできません」と言われてしまいました。

実際,その社員にはそのような同性パートナーがいることが確認できていますが,どのように対処すればよいでしょうか。

A 転勤命令は当該社員とその同性パートナーとの生活に大きな不利益をもたらすため,転勤命令権の行使は無効とされる可能性があります。当該社員に対する転勤命令の発動について慎重に検討する必要があります。

解説

1 転勤命令権

社員の配置の変更であって,職務内容又は勤務場所が相当長期にわたって変更されるものを「配転」といい,そのうち,勤務地の変更があるものを「転勤」といいます。

長期雇用の労働契約関係においては,会社に労働者の職務内容や勤務地を決定する権限が帰属することが予定されているため,配置転換命令権と同様,会社は,労働契約上の権利として転勤命令権を有しており,同権利に基づくものとして原則的に転勤命令は有効であると評価されます。このことを明らかにするため,会社は,就業規則や労働協約上の配転条項(例:「業務の都合により,出張,配置転換,転勤を命じること

ができる」等）によって，会社が配転を命じることができる旨を規定していることが一般的です。

ただし，職種限定特約がある場合（具体例については前問参照）や転勤命令権の濫用（労働契約法3条5項）に該当する場合には，例外的に同命令が無効と評価されることがあります^(注1)。

2　転勤命令権の濫用となる場合

転勤命令権の濫用についての具体的な判断基準は次のとおりであり，転勤命令に業務上の必要性がない場合（後記①）のほか，転勤命令権の濫用とみなすべき特段の事情がある場合（後記②ないし③）には，転勤命令権の濫用として無効と評価されることになります^{（この判断枠組みにつき，注2）}。

①　業務上の必要性

労働力の適正配置，業務の能率増進，社員の能力開発，勤務意欲の高揚，業務運営の円滑化等，会社の合理的運営に寄与する点があれば，業務上の必要性が肯定されますが，このような業務上の必要性が認められない場合には，転勤命令権の濫用と評価され得ることになります。

②　他の不当な動機・目的の有無

業務の必要性と関連のない，他の不当な動機・目的によると認められる場合には，転勤命令権の濫用になり得ます。

この点，従前の業務との乖離が大きい業務へ転勤する場合には，嫌がらせや見せしめ等の不当な動機・目的の存在が推認され，違法な濫用的転勤命令と判断される可能性が高くなります^(注3)。

③　当該社員への影響

上記①に記載した業務上の必要性と社員の不利益とを比較衡量し，当該社員において「通常甘受すべき程度を著しく超える不利益」が生じているであると判断される場合には，転勤命令権の濫用として無効となります。

これに関し，裁判例においては，本人又は家族の病気によって転勤が

(注1) 菅野和夫『労働法』684～689頁（弘文堂，第11版補正版，2017）
(注2) 東亜ペイント事件（最判昭和61年7月14日労判477号6頁）
(注3) 米国銀行東京支店の預送金課の元課長に対して行った総務課（受付）への配転につき，「元管理職をことさらにその経験・知識にふさわしくない職務に就かせ，働きがいを失わせるとともに，行内外の人々の衆目にさらし，違和感を抱かせ，やがては職場にいたたまれなくさせ，自ら退職の決意を指せる意図の下にとられた措置ではないかと推知され」，「原告（筆者注：上記元課長）に対する右総務課（受付）配転は，原告の人格権（名誉権）を侵害し，職場内外で孤立させ，勤労意欲を失わせ，やがて退職に追いやる意図をもってされたものであり，裁量権の範囲を逸脱した違法なもの」であると判断し，前記元課長のした慰謝料請求を認容した事例として，バンクオブアメリカイリノイ事件（東京地判平成7年12月4日労判685号17頁）参照。

困難な場合には転勤命令権の濫用を認めるものがある一方[注4]，それ以外の不利益（単身赴任，通勤時間の長時間化による幼児の保育場の支障等）については，甘受すべき不利益と評価し，転勤命令を有効としているものが散見されます[注5]。

3　育児・介護休業法との関係

　育児休業，介護休業等育児又は家族介護を行う労働者の福祉に関する法律（以下，「育児・介護休業法」）26条は，社員の転勤によって子の養育や家族の介護が困難になる場合に，会社においてそれらの状況に配慮すべきことを定めています。

　ここで，育児・介護休業法が適用の対象とする「対象家族」とは，配偶者，父母及び子，配偶者の父母をいいます。この「配偶者」には，「婚姻の届出をしていないが，事実上婚姻関係と同様の事情にある者」が含まれるところ（同法2条4号），これに関して厚生労働省は，現時点で，「同性パートナーは含まれない」という立場をとっています[注6]。

　しかし，育児・介護休業法は，「子の養育又は家族の介護を行う労働者等の雇用の継続及び再就職の促進を図り，もってこれらの者の職業生活と家庭生活との両立に寄与することを通じて，これらの者の福祉の増進を図り，あわせて経済及び社会の発展に資すること」を目的としたものです（同法1条）。そうであれば，「事実上婚姻関係と同様の事情にある」といえる同性パートナーについて，法律上婚姻が許されていないからといって，異性パートナーと異なる取扱いをすることに，合理的理由は見当たりません。性自認・性的指向を理由とした差別が許されないことからすれば，今後，厚生労働省による解釈が上記法律の趣旨を踏まえたものに変更され，同性パートナーを含むこととなる可能性はありますし，それ以前に，会社として，社員の就労状況へ配慮するという観点から，厚生労働省による解釈いかんにかかわらず，育児・介護休業法の趣旨に即して同性パートナーの介護の状況に配慮をすることは，むしろ望ましいことであり，職場環境配慮義務（社員にとって働きやすい職場環境を保つよう配慮すべき義務。労働契約法3条4項，民法1条2項）にも適うものと言わなければなりません。

(注4)　札幌地判平成9年7月23日労判723号62頁，東京地判平成14年12月27日労判861号69頁
(注5)　東京高判平成8年5月29日労判694号29頁，最判平成12年1月28日労判774号7頁
(注6)　筆者らの照会に対する厚生労働省東京労働局雇用環境・均等部指導課担当者による2018年5月10日電話回答

4　ご質問のケースについての検討

(1)　職種限定特約の有無

　まず，配置転換命令の場合と同様，職種限定特約がある場合には，そもそも転勤命令は無効と判断されることになります。そのため，まずは，当該社員との間の労働契約に職種限定特約が存在しないことを確認する必要があります。

(2)　転勤命令権の濫用の有無

　次に，当該社員との間の労働契約に職種限定特約がない場合には，配置転換命令権濫用の場合と同様に，前記判断基準に照らし，転勤命令権の濫用に該当するかどうかを検討することになります。

　会社においては，転勤により当該社員が被る不利益について可能な限りそれを軽減する措置をとることが必要になるところ，特に，転勤・単身赴任により育児・介護に支障を来す場合は，最大限それを回避・緩和する措置を講じる必要があります（労働契約法3条3項，育児・介護休業法26条）[注1, 注7]。

　この緩和措置には，具体的には，単身赴任を回避し，家族帯同の転勤を可能とするための措置（パートナーの就職斡旋や保育所紹介等）や，単身赴任が避けられない場合には負担軽減措置（本人の健康対策，定期的帰省の配慮，帰省費の負担，諸手当の支給）が含まれることになるでしょう[注1]。

　ご質問のケースの場合には，当該社員とその同性パートナーは，確かに婚姻関係にはありません。しかし，婚姻しているか否かにかかわらず，また，同性間であるか異性間であるかにかかわらず，パートナーとの間の共同生活は保護されるべきものであり，転勤命令がそのようなパートナーとの共同生活に不利益をもたらすものであることに変わりはありません。そのため，このような場合に関しても，当該社員の生活上の不利益がどの程度であるか，また，その不利益や負担を軽減する措置としてどのようなものがあり得るかを，個別具体的に検討することが求められます。

　ご質問のケースでは，他の不当な動機・目的は存在しないと思われま

(注7) 岩出誠『実務労働法講義』803頁（民事法研究会，第3版，2010）

すので（前記2②），会社側の転勤命令に係る業務上の必要性と社員側の不利益とを比較衡量することになります（前記2③）。

　この点，ご質問のケースでは同性パートナーが入院しており，他に看病できる者がいないという事情があるため，当該社員にとって，転勤による生活上の不利益の程度は極めて大きいといえます。一方で，会社側の転勤命令に係る業務上の必要性も高いものであった場合，この両者の比較衡量の中では，会社の講じた不利益軽減措置も含めて判断がなされることになりますが，実際のところ，パートナーが入院中であり介護を要するという状況が現実に存在していることを踏まえると，転勤による不利益を十分に軽減できる措置をとることはなかなか困難ではないかと思われます。

　またこの場合，当該転勤命令を下す対象をプライベートにおける同様の問題を抱えていない他の社員とすることや，そもそも転勤先の組織構成を見直す等の対応をとることによって，ご質問のケースにおける転勤の必要性が解消可能な場合も，現実には少なくないのではないでしょうか。

　こうしたことを踏まえると，あくまでケースバイケースながら，上記比較衡量の結果として，当該社員に「通常甘受すべき程度を著しく超える不利益」があると認められる場合もあるのではないかと思います。

　結論として，ご質問のケースでは，上述したことを踏まえつつ，転勤命令の発動の是非について慎重に検討することが望ましいと考えます。

【同性愛者であることに起因する事情を人事評価に反映させることの可否】

Q7 ある男性社員から,「同期入社の社員と比べて自分だけ昇進が遅い。自分がゲイだからではないか」との問い合わせがありました。その社員については,ゲイであることが影響して,職場でのコミュニケーションがうまく取れていないとの報告を受けています。

ゲイであること自体を理由として低査定を行っているわけではなく,あくまでゲイである社員特有の事情が人事評価に影響しているだけであるため,不当な差別ではないものと考えますが,問題があるのでしょうか。

A セクシュアル・マイノリティであることを理由として低査定を行うことはもちろん,そうでなくとも,会社として果たすべき職場環境配慮義務を果たさないうちに生じた職場の軋轢を原因としてセクシュアル・マイノリティである社員について低査定を行うことは,人事権の濫用とみなされ,不法行為に基づく損害賠償責任を負うこととなる可能性があります。

解説

1 人事考課

人事考課とは,一言でいえば会社が社員に対して行う評価のことを指し,社員の職務遂能力,勤務態度,勤務成績などが重視されますが,通常,そのような評価は,会社ごとに細かく作成された評価項目に沿って行われます。人事考課は,人事全般,特に職能資格制度における資格や職位を決定する判断材料として大きな役割を持ち,定期昇給やベースア

ップ、賞与の額の決定という様々な場面で重要な役割を担います。実際の評価は、直属の上司が１次評価を行い、役員等によって部門間の調整が行われるというプロセスを経るのが一般的です[注1]。

2　人事考課に対する法的規制

人事考課は就業規則による制度化を通して労働契約の内容になっていることが一般的であり（労働契約法７条）、この場合、会社は社員に対して労働契約上の人事考課権を持つことになります。そのため、人事考課にあたっては、人事権の行使として、会社に一定の裁量権が認められています。

もっとも、人事考課が法律上禁止された差別に該当するような形で行われた場合（例えば、国籍や社会的身分による差別（労働基準法３条）、組合活動を理由とする差別（労働組合法７条）、性別を理由とする差別（男女雇用機会均等法６条）等）、人事評価が著しくバランスを欠いて行われる等人事考課権の濫用に該当する場合（労働契約法３条５項）、及び人事考課に関する就業規則の定めに反する場合（例えば、制度上定められている考慮要素以外の要素によって評価をした場合等）[注2]には、上記裁量権にかかわらず、かかる人事考課は違法と評価され、会社はそのような違法な人事考課に関して不法行為に基づく損害賠償責任（民法709条、710条）を負うことになります。

3　セクシュアル・マイノリティであること自体を人事考課上の低評価の根拠とすることの法律上の問題点

（1）　労働基準法３条との関係

セクシュアル・マイノリティであることは、人がその意思によらず社会において継続的に占める地位といえ、「社会的身分」（労働基準法３条）に該当すると考えられます。したがって、セクシュアル・マイノリティそれ自体を理由とする差別的取扱いは、労働基準法３条に違反し許されません[注3]。

(注1) 菅野和夫『労働法』415頁（弘文堂、第11版補正版、2017）
(注2) 独立行政法人労働政策研究・研修機構ホームページ「Q14 人事考課（査定）について法律上留意する点は何ですか。」（2011年4月掲載）
(注3) 労働基準法３条に違反する場合、使用者は労働監督基準官から是正のための指導・勧告を受けることになります。また、労働基準監督官は司法警察員として逮捕・送検することもでき（同法102条）、同法３条に違反した使用者は、6か月以下の懲役又は30万円以下の罰金に処せられることがあります（同法119条１号）。

(2) 人事権の濫用を認めた裁判例

参考となる裁判例として，使用者が婚姻の有無という要素によって女性を低査定したことにつき，人事権の濫用として違法性があると判断したものがあります(注4)。

その事案においては，会社側より，既婚者と未婚者を比較した場合，提供する労働の質，量に自ずと差異が生じるのであり，社員に対する処遇は，あくまで個々人の業績や能力を公正に評価した結果によるものであって，既婚者と未婚者の間に一定の差異が認められたとしても，既婚者特有の諸事情が影響した結果であると考えられ，不当な差別意思に基づくものではないとの主張がなされました。

しかし，裁判所は，「既婚者であることを理由として，一律に低査定を行うことは，そもそも被告会社に与えられた個々の労働者の業績，執務，能力に基づき人事考課を行うという人事権の範囲を逸脱するものであり，合理的な理由に基づかず，社会通念上容認し得ないものであることから，人事権の濫用として……不法行為になる」とし，会社側において，既婚女性と未婚女性との間に昇格について顕著な格差があると事実認定した上で，査定昇格差別がある旨判示しています。

4　ご質問のケースについての検討

以上を踏まえた場合，ご質問のケースについてはどのように考えるべきでしょうか。

セクシュアル・マイノリティは，前述のとおり「社会的身分」（労働基準法3条）に該当すると考えられることから，セクシュアル・マイノリティであること自体を人事考課上マイナスに働かせるような不当な評価の実態が現にあるというのであれば，労働基準法3条違反となるというべきです。

また，セクシュアル・マイノリティであるという事情が，コミュニケーションの困難性等を通じて人事評価に悪影響を及ぼし，結果的に低査定につながっているという事情が仮にあったとしても，そのような状況は，会社におけるセクシュアル・マイノリティ対応が不十分であることに起因しているということもできます。会社が各社員に対して職場環境

(注4) 住友生命事件（大阪地判平成13年6月27日労判809号5頁）

配慮義務（社員にとって働きやすい職場環境を保つよう配慮すべき義務。労働契約法3条4項，民法1条2項）を負っていることからすれば，上記のような事情をもって直ちに当該社員に不利に斟酌することは，やはり許されないものと言わざるを得ません。

　セクシュアル・マイノリティに対する偏見の解消も含めた，会社として尽くすべき上記義務を尽くさないうちに生じた職場の軋轢を，セクシュアル・マイノリティである当該社員個人の人事考課をマイナスするものとして安直に反映させて低査定を行うことは，前記裁判例のいう「企業に与えられた個々の労働者の業績，執務，能力に基づき人事考課を行うという人事権の範囲を逸脱するもの」に該当するとみることができ，当該社員に対し，不法行為に基づく損害賠償責任を負うこともあり得るものと考えます。

5　企業取組例

　アサヒグループホールディングス株式会社，あいおいニッセイ同和損害保険株式会社など多数の企業が，人事基本方針等において，性自認や性的指向による差別は行わない旨の規定を明確化しています。

【性同一性障害の社員のうつ病を理由とする解雇の可否】

Q8　ある性同一性障害の社員が，居住マンションの近隣住民から，外見（身体的特徴）から判断される性別（男性）と髪型・服装（女性的なもの）に乖離があることを理由に度々嫌がらせを受けているということで，うつ病に近い状態となり，欠勤を繰り返すようになりました。

　事情は理解できますが，業務に支障が出てきたため，解雇せざるを得ないと考えています。問題ないでしょうか。

A　解雇が許されるには，欠勤理由が当該社員の責めに帰するものではないという点を考慮の上，改善の機会を付与し，当該社員の置かれている状況について会社が理解を示した上で誠実に協議を重ねたものの，実際に生じている業務上の支障が他の方法によって回避できない程度に至っているという事情が必要です。そのような経緯を経ずに行われた解雇は，権利濫用に該当するものとして無効となる可能性があります。

解　説

1　解雇法理

　会社は，社員に解雇事由が認められる場合に常に解雇できるわけではなく，当該具体的な事情の下において，解雇が客観的に合理的な理由を欠き，社会通念上相当であると認められない場合は，その権利を濫用したものとして，その解雇行為は無効となります（労働契約法16条）。

(1) 客観的に合理的な理由

　まず、解雇の合理的理由は、社員にその帰責事由に基づく債務不履行（労働義務違反・付随義務違反）があり、かつ、それが労働契約の継続を期待し難い程度に達している場合に肯定されます。すなわち、解雇が正当とされるためには、単に社員の債務不履行の事実が存在するだけでは足りず、それが雇用を終了させてもやむを得ないと認められる程度に達していることを要するということです。具体的には、①社員の解雇事由が重大で労働契約の履行に支障を生じさせ、又は反復・継続的で是正の余地に乏しいこと、②会社が事前の注意・警告・指導等によって是正に努めていること、③会社が職種転換・配転・出向・休職等の軽度の措置によって解雇回避の努力をしていることが必要であると解されています(注1)。

　社員の傷病・健康状態の悪化によって労働能力が低下したり、欠勤したりすることは、解雇事由の一つとなります。ただ、傷病や健康状態の悪化が直ちに解雇事由となるわけではなく、それらが債務の本旨に従って労働義務の履行を期待できない程度に重大なものであることを要します。例えば、現在の業務への就労が困難としても、労働契約上就労可能な軽易業務が存在すれば、会社はその業務提供によって解雇を回避するよう努力する義務を負い、それをしないまま行った解雇は合理的理由を否定されます。また、休職措置を講じないまま直ちに解雇することは、休職を活用したとしても傷病が回復せず、就労が不可能であることが明らかな場合を除き、許されません(注2)。

(2) 社会通念上の相当性

　次に、解雇権の行使が社会通念上相当か否かは、①不当な動機・目的の有無、②社員の情状（反省の程度、過去の勤務態度・処分歴等）、③他の社員の処分・過去の処分例との均衡、④会社の対応（会社の対応が社員を問題行為に至らせていないか等）、⑤解雇手続の適正さ（事情聴取・弁明機会の付与、賞罰委員会の開催等）などによって判断されます(注3)。

(注1) 土田道夫『労働契約法』664頁（有斐閣、第2版、2016）
(注2) 同665〜666頁
(注3) 同679〜682頁

2 ご質問のケースについての検討

　ご質問のケースの場合，欠勤理由は，マンションの近隣住民による嫌がらせによってうつ病に近い精神的状態に陥ったことにあり，社員の責めに帰すべきものではありませんので，まずは，そのことを十分に理解する姿勢が必要です。その上で，職種転換・休職などの方法で解雇を回避することができないかについて，当該社員と真摯に協議することが求められます。

　また，これまで会社が当該社員に対してとってきた対応が適切だったのかについても，改めて振り返ってみることが必要です。例えば，当該社員が，近隣住人だけでなく社内の同僚からも性同一性障害への偏見に基づく差別的な対応を受けており，業務に集中できないとの相談を会社に対して行っていたにもかかわらず，会社として適切な対応をとらず，そのことも相まって社員が精神的に追い詰められたという事情がある場合には，その点も，解雇権の行使が社会通念上相当でないと判断される要因となり得ます。

　これまでの会社の対応に問題がないことが確認でき，今後の業務復帰の可能性や方法について当該社員と誠実に協議した上で，それでも回避できないほどの業務上の支障があり，欠勤を理由とする過去の処分例との均衡を検討した上で，なお，解雇やむなしという結論に至る場合であれば別ですが，そのような経緯を経ず，欠勤のみを理由として行う解雇は，解雇権の濫用として，無効となる可能性があります。

第3 服務規律

【戸籍上の性別の不申告を理由とする懲戒処分の可否】

Q9 これまで3年間男性社員として勤務していた社員が,実は戸籍上は女性であることが判明しました。当社の就業規則上,「最終学歴や職歴等,重要な経歴を偽り,会社の判断を誤らせた」ことが懲戒事由の一つとして掲げられています。

会社との信頼関係に関わる嘘をついていたことになると思いますので,懲戒処分を行っても問題ないでしょうか。

A 戸籍上の性別を申告しなかったことは懲戒事由に該当せず,懲戒処分は許されないと考えます。

解説

1 懲戒処分の可否の判断基準

ある社員が会社に対して申告していた情報と実際の情報が異なっていることが判明した場合に,これが懲戒事由となるかという問題の判断においては,当該情報の虚偽告知が懲戒事由に該当する旨の就業規則や労働協約等の定めが存在するか否かがまず問題となります。

そして,就業規則や労働協約等上その旨の定めがあり,懲戒事由に該当する場合であったとしても,その事由に基づく懲戒処分が,当該懲戒に係る労働者の行為の性質及び態様その他の事情に照らして,客観的に合理的な理由を欠き,社会通念上相当であると認められない場合は,その権利を濫用したものとして,当該懲戒処分は無効となります(労働契約法15条)。

2　ご質問のケースについての検討

　就業規則において懲戒事由として，「最終学歴や職歴等，重要な経歴を偽り，会社の判断を誤らせたこと」やそれに類似する事由を定めている会社は多いものと思われますが，ご質問のケースの場合，戸籍上の性別の不申告が「重要な経歴」の偽りに該当するかが問題となります。

　まず，文言解釈からすると，「重要な経歴」という文言に戸籍上の性別が該当するとは考えにくいですし，就業規則の文言は労働者保護の見地から限定解釈（狭く解釈）される傾向にあるとされていることからしても[注1]，戸籍上の性別という事項は「重要な経歴」に該当しないと判断される可能性が高いものと思われます。

　また，「重要な経歴」の偽りを懲戒事由としている趣旨は，会社が当該社員の採用等において学歴や職歴を一定程度考慮に入れることがあり，そのことに社会的相当性が認められているからであると考えられます。しかし，雇用の分野における男女の均等な機会及び待遇の確保等に関する法律（以下，「男女雇用機会均等法」）が，労働者の募集，採用，配置，昇進，降格及び教育訓練の各場面での男女の差別的取扱いを禁止しているとおり（同法5条及び6条1号），会社が，社員の男女の別を当該社員の採用や昇進等の待遇を決める上で判断材料として用いることは許されません。そうすると，社員の男女の別は，社員の採用や昇進等の待遇を決める上で重要性を有するということはできず，したがって，学歴や職歴を偽った場合には懲戒事由に該当する旨を定めた規定を，戸籍上の性別の不申告の場合に適用することは，その規定の趣旨を逸脱するものであるといえます。

　さらに，そもそも，トランスジェンダーである社員が戸籍上の性別でなく自認する性別を会社に申告したことをもって，それを「虚偽」といえるかという問題もあります。トランスジェンダーの人々にとっては自認する性別こそが自分の性別なのであり，これをもとに履歴書に性別を記載したからといって，そのような記載が虚偽であるとはいえない，との考え方も十分に成り立ち得るところです。

　いずれの考え方によるにせよ，ご質問のケースでは，懲戒事由が存在するとはいえず，懲戒処分を行うことは許されないと考えられます。

(注1) 菅野和夫『労働法』665頁（弘文堂，第11版補正版，2017）

【自認する性別に基づく名前の使用の可否】

Q10　ある女性社員から、「自分は性同一性障害であり、今後は、下の名前については現在の女性名ではなく男性的な名で生活していくことにした。そこで、会社での業務においても、変更後の名前を用いることにしたい」との申出を受けました。

家庭裁判所から名の変更に関する許可を得ていないとのことですので、裁判所で正式に認められたら会社でも対応するということで問題ないでしょうか。

A　自認する性別と一致した男性的な名で呼ばれ、認識されるという利益は、当該社員の人格権の一内容を構成するものとして保護されるべきものです。裁判所による許可の有無にかかわらず、当該社員の申出を認めることが適切であると考えます。

解説

1　戸籍上の姓・名の変更手続について

戸籍上の姓の変更が認められるためには「やむを得ない事由」が、また、戸籍上の名の変更が認められるためには「正当な事由」が必要です（戸籍法107条1項、107条の2、家事事件手続法別表第1の122項）。

そして、戸籍上の名の変更が認められるために必要な「正当な事由」があるといえるには、単なる個人の主観的感情や姓名判断、信仰上の希望、社会活動の一部に支障があるというのみでは足りず、名を変更することが社会的にその必要性が高く、その個人の社会生活上著しい支障を生じる場合であることを要すると解されています[注1]。

(注1)　木村三男監修・竹澤雅二郎著『改訂 設題解説 戸籍実務の処理IX 氏名の変更・転籍・就籍編』173頁（日本加除出版、改訂版、2015）

よって，性同一性障害の場合においても，自認する性別と一致する名に変更をする社会的必要性の高さ及びその変更をしなければ社会生活において著しい支障を来すことを示すことができれば，「正当な事由」の存在が認められるものと思われます。

2 ご質問のケースについての検討

(1) 自認する性別と一致する名を使用する権利・利益の要保護性

最高裁判例においては，「氏名は，……人が個人として尊重される基礎であり，その個人の人格の象徴であって，人格権の一内容を構成するものというべき」と判示されています(注2)。

ご質問のケースにおける性同一性障害を抱える社員にとって，自認する性別と一致しない名で呼ばれたり識別されたりすることは，大きな苦痛や違和感を伴うものです。そのような苦痛や違和感を取り除き，職場においても自分らしく過ごすために，自認する性別と一致した名で呼ばれ，識別されることを望むことは，自然なことであるといえます。

上記最高裁判例の趣旨に従えば，自認する性別と一致する名を職場で使用し，その名で自己を識別されるという利益は，人格権の一内容を構成し，法的保護に値するものと考えられます。そして，このことは，戸籍上の名の変更手続を経ているか否かとは無関係です。

(2) 会社の職場環境配慮義務

使用者は，信義則（労働契約法3条4項，民法1条2項）に基づく配慮義務として，労働者の自由・名誉・プライバシー等の人格的利益を尊重すべき義務を負うと解釈されています(注3)。そして多くの裁判例も，労働契約上の付随義務として，使用者は信義則上「職場環境配慮義務」（被用者にとって働きやすい職場環境を保つよう配慮すべき義務）を負うとしています(注4)。

裁判例では，特別永住資格を有するいわゆる在日韓国人が日本名を通名として用い勤務していたところ，使用者が，本名である韓国名で名乗るよう他の従業員の前で繰り返し求めたという事案において，「もとより在日韓国人であっても専ら本名である韓国名を使用する例は少なくな

(注2) 最判昭和63年2月16日民集42巻2号27頁
(注3) 土田道夫『労働契約法』129頁（有斐閣，第2版，2016）
(注4) 東京高判平成27年10月14日，広島高判平成16年9月2日労判881号29頁など

く，日本名を通名として使用するか否かやそのことに関する事情は，人により様々であり得る。しかし，その者があえて専ら通名である日本名を使用しているという場合においては，本名である韓国名を使用することによって社会生活上の不利益を受けるおそれがあることを慮ってこれを秘匿していることが少なくないものと解され，そのような行動をとる者にとって，本名である韓国名が別にあるという事実は，他人にみだりに知られたくないプライバシー情報ということができる。そうすると，上記の者は，当該事実をみだりに公表されないこと，その限りで，通名使用の下においてそれまでに形成している社会生活の平穏を当該事実の公表により害されないことにつき一定の法的保護に値する利益を有しているというべきであり，このような利益は，……なお不法行為法上の保護に値するというべきである。……使用者が，在日韓国人であり日常生活において専ら通名を使用してきた労働者に対して本名の使用を命じ又は勧奨することは，労働契約上の付随義務として信義則上負う職場環境配慮義務……による労働契約上の責任を生じさせることがあるほか，その態様等の具体的事情によっては，労働者のプライバシーや社会生活の平穏といった人格的利益を違法に侵害する嫌がらせとして，不法行為法上違法の評価を受けることがあるものというべきである」と判断しています[注5]。

　ご質問のケースにおける当該社員は性同一性障害を抱えており，今後は自認する性別と一致する男性的な名前を使用すると決めているのですから，この男性的な名前を使用する利益は，上述のとおり人格権の一内容を構成し，法的保護に値するものと考えられます。この社員は，上記引用裁判例のように通称名を従前から使用していたわけではありませんので，同裁判例の結論がそのままあてはまるわけではありませんが，同裁判例の趣旨を，「職場において通称名を使用し戸籍上の名を呼ばれないことについて法的保護に値する利益を有する者に対して使用者が戸籍上の名を使用することを命じた場合に，会社の職場環境配慮義務違反や不法行為責任の問題が生じ得ることを明らかにしたもの」と捉えれば，ご質問のケースにおいても同様に，会社には当該社員の上記法的保護に値する利益に配慮すべき義務があるといえます。それにもかかわらず，

(注5) 東京高判平成27年10月14日

戸籍上の名の変更手続が完了するまでは戸籍上の名前を使用せよと命じることは，会社が社員に対して負担している職場環境配慮義務に違反する行為に該当し得るものと考えられます。

　現在，会社内で婚姻前の姓を使用することが広く認められるようになってきていることも考え合わせれば，会社内で戸籍上の名と異なる名の使用を認めることにより会社側に生じる実務上の負担はさほど大きくなくなっているはずであり，職場環境配慮義務の一環として，会社がそのような体制を整えるべき義務も肯定されやすくなっているものと考えられます。

(3) まとめ

　会社としては，自認する性別と一致する名を使用することが当該社員の人格権の一内容を構成するものであることを認識し，そのような名の使用を認めることが，法的観点からも適切であると考えます。

3　企業取組例

　ソニー株式会社，富士通株式会社など多数の企業が，トランスジェンダーである社員について，通称名の利用など，本人の意向を確認の上，個別対応を実施しています。

【自認する性別に基づく服装・髪型の可否】

Q11 当社の就業規則には，女性社員と男性社員の制服を区別し，また，男性社員については長髪を禁止する旨の服務規律規定があります。

この度，窓口で接客を担当している男性社員から，「自分は性同一性障害なので，女性の制服を着て，髪も長くしたい」という申出がありました。しかし，その男性社員の外見は男性的であり，女性には見えませんし，戸籍上の性別も男性のままであるそうです。

この申出を認めなくてはならないでしょうか。

A 自認する性別と一致しない服装や髪型をさせることを性同一性障害の社員に強制することとなる服務規律規定は，当該社員の権利や自由を過度に侵害するものとして，当該社員に関する限り，法的な拘束力が認められない可能性があります。業務上の必要性との比較衡量の上，申出を認めるべき場合があるものと考えます。

解 説

1 服務規律の適法性判断基準

服務規律の適法性判断基準について，裁判例は，「使用者が，事業の円滑な遂行上必要かつ合理的な範囲内で，労働者の身だしなみに対して一定の制約を加えることは，例えば，労働災害防止のため作業服やヘルメットの着用を義務付けたり，食品衛生確保のため髪を短くし，つめを整えることを義務付けたり，企業としてのイメージや信用を維持するために直接に顧客や取引先との関係を持つ労働者に服装や髪型等の身だし

なみを制限するなどの場合があり得るところである。ただし，労働者の服装や髪型等の身だしなみは，もともとは労働者個人が自己の外観をいかに表現するかという労働者の個人的自由に属する事柄であり，また，髪型やひげに関する服務中の規律は，勤務関係又は労働契約の拘束を離れた私生活にも及び得るものであることから，そのような服務規律は，<u>事業遂行上の必要性が認められ，その具体的な制限の内容が，労働者の利益や自由を過度に侵害しない合理的な内容の限度で拘束力を認められる</u>というべきである。」（下線は筆者）と判示しています[注1]。

その上で同裁判例は，当該服務規律が，長髪及びひげについて一律に不可と定めたものであると解される場合には，会社に勤務する男性社員の髪型及びひげについて過度の制限を課するものというべきで，合理的な制限であるとは認められないから，これらの基準については「顧客に不快感を与えるようなひげ及び長髪は不可とする」との内容に限定して適用されるべきとし，服務規律の文言を狭く解釈しました。

2　ご質問のケースについての検討

(1) 服務規律上の「男性」「女性」の解釈

まず，就業規則中の服務規律は，会社内の秩序維持のために定められるものですから，その文言の解釈は，この目的を達成する観点から，一般的な常識に照らして行われるべきものと考えられます。

ここで，就業規則上の「男性」「女性」の区分けについては，これを戸籍上の性別と解するのではなく，自認する性別と解するべきであるとの考え方（つまり，ご質問のケースにおける社員の場合は，自認する性別が女性であることに基づいて，服務規律も「女性」のものを適用するべきであるとの考え方）も考えられるところです。自認する性別と一致する取扱いを受けることが法的な利益として保護されるべきとすれば，このような解釈こそ合理的である，ということも可能だからです。

もしこのような就業規則の解釈をとるのであれば，ご質問のケースの場合，仮に戸籍上の性別が男性であったとしても，自認する性別が女性である以上，服務規律も女性に対するものが適用されるのですから，当該社員の申出はそもそも正当なものであり，会社としてこれを不合理に

(注1) 神戸地判平成22年3月26日労判1006号49頁

拒絶することは許されないということになります。さしたる業務上の必要性もなく，漫然と女子は制服を着用するべき等の服務規律が定められているにすぎない会社の場合には，このような解釈を採用することも可能と考えます。

（2）服務規律を支える事業遂行上の必要性

とはいえ，現在の日本においては，残念ながらまだまだ「男は男らしく，女は女らしく」という発想も存在し，接客担当者にこの発想に基づく身なりを求める顧客も少なくありません。そこで，会社としても，顧客の維持及び獲得という業務上の目的のために制服や髪型の規則を設けていることも多いかと思われます。こうしたことから，上記（1）のような就業規則上の性別の解釈は，少なくとも現時点では，必ずしも一般化できるものとはいえないかもしれません。

しかしながら，ご質問のケースにおける具体的な制限の内容をみると，女性は女性の，男性は男性の制服を着ること，及び男性は長髪禁止であることが定められています。ここで，髪型や服装に関する自由は，憲法13条によって人権として保障されている自己決定権ないし幸福追求権の一内容として捉えることも可能であるところ，性同一性障害を抱える人々にとって，自認する性別において一般的であると捉えられている髪型や服装をすることは，まさに自分らしい生き方の表れであるといえ，自己決定権ないし幸福追求権の一内容をなしているといえます。

そのように考えると，上記（1）のような就業規則の解釈をとることができなかったとしても，ご質問のケースにおける服務規律を，性同一性障害を抱える社員にまでそのまま一律に適用することが妥当とみなされるべきかどうかは，別の問題です。すなわち，かかる服務規律を遵守させることについての会社側の業務上の必要性の高低（その必要性がどの程度あるといえるのか，代替的手段はないのか）と，当該社員の利益や自由への侵害の程度を，個別具体的に比較衡量した結果，就業規則の法的拘束力が当該社員に関する限り及ばない，と考えるべき場合もあり得るものと考えます。

(3) 上記を踏まえた会社としての現実的な対応

　残念ながら世間一般にセクシュアル・マイノリティの人々に対する理解が十分に広がっているとはいえない現状においては，外見上男性にしか見えない社員に女性の制服の着用及び長髪を認めることで，会社に接客上・営業上の問題点が生じるとの実際的かつ具体的な懸念が生じることも考えられます。

　ただ，そのような場合であっても，会社としては，まずは，当該社員と十分な話し合いの機会を持ち，当該社員が現在の窓口接客業務を継続することを望むか，又は接客上や営業上の支障が生じにくいと思われる業務への配置転換を受け入れることは可能か，といった点を聴取することが必要です。その上で，当該社員が窓口接客業務の継続を希望する場合には，顧客から当該社員の服装や髪型について違和感が示された場合に会社としてどのように対応することを望むか（例えば，性同一性障害であることを伝えて説明してもよいのか，伝えずに対応した方がよいのかなど）について，事前に認識をすり合わせておくなどして，当該社員の意向を可能な限り尊重することを前提とした対応をとることが求められます。

　会社においてそうした対応をとることなく，申出を行った社員に対して就業規則の規定を形式的に押し付ける態度に終始するような場合には，服務規律を遵守させることについての会社側の業務上の必要性の高低と当該社員の利益や自由への侵害の程度とを比較衡量した結果，上記（2）に述べたように，就業規則に関する規定の法的効力が当該社員に関する限り及ばないと判断されることがあり得ると考えます。

3　参考裁判例

　戸籍上・生物学上は男性であるが自認する性別は女性である社員が，女性の服装で勤務すること，女性用トイレを使用すること及び女性用更衣室を使用することの申出をしたがこれが認められないままなされた配転命令を拒否したこと，並びに配転に応諾したものの業務命令に反して1か月余り女性の服装で勤務したこと等を理由になされた懲戒解雇処分について，会社の権利濫用として解雇が無効とされた裁判例（S社性同

一性障害者解雇事件）(注2)があります。

　同裁判例は、調査部にいた当該社員が製作部への配転の内示を受けたという事案であり、会社の他の社員が当該社員に「抱いた違和感及び嫌悪感は、……債権者（筆者注：当該社員）における上記事情を認識し、理解するよう図ることにより、時間の経過も相まって緩和する余地が十分あるものといえる。また、債務者（筆者注：会社）の取引先や顧客が債権者に抱き又は抱くおそれのある違和感及び嫌悪感については、債務者の業務遂行上著しい支障を来すおそれがあるとまで認めるに足りる的確な疎明はない。のみならず、債務者は、債権者に対し、本件申出を受けた1月22日からこれを承認しないと回答した2月14日までの間に、本件申出について何らかの対応をし、また、この回答をした際にその具体的理由を説明しようとしたとは認められない上……、その後の経緯に照らすと、債権者の性同一性障害に関する事情を理解し、本件申出に関する債権者の意向を反映しようとする姿勢を有していたとも認められない。そして、債務者において、債権者の業務内容、就労環境等について、本件申出に基づき、債務者、債権者双方の事情を踏まえた適切な配慮をした場合においても、なお、女性の容姿をした債権者を就労させることが、債務者における企業秩序又は業務遂行において、著しい支障を来すと認めるに足りる疎明はない」と判示しています。

　この裁判例では、性同一性障害を抱える社員が自認する性別に従った服装で勤務すること等について、会社が他の社員の理解を促進させるよう努めるべきであるとの考え方に立脚するとともに、会社として当該社員の申出に真摯に向き合う必要があることを認めています。現在の世間一般におけるセクシュアル・マイノリティに対する知識・理解は十分とはいえないものの、少なくとも上記判示がなされた2002年当時と比較すれば格段に向上していることを考えると、会社としては、ご質問のケースのような申出について一層真剣に対応し、他の社員や取引先・顧客からの理解を得るための努力が法的にも要請されているといえます。

4　企業取組例

　中外製薬株式会社は、服装のガイドラインを改定し、性別ごとの記載

(注2) 東京地決平成14年6月20日労判830号13頁

部分を修正しています。また，男女別に貸与していた社章，研究所や工場のユニフォームを順次選択制に移行しています。

　オムロン株式会社も，生産拠点で着用する制服について性別分けをしていたところ，制服のデザインを統一しています。東日本旅客鉄道株式会社は，トランスジェンダーの社員に対し，本人の希望する性別の制服を貸与しています。

【自認する性別に基づくトイレ・更衣室利用の可否】

Q12 性同一性障害の診断書はあるものの性別適合手術は受けていない社員（戸籍上の性別及び生物学上の性別は男性であるが自認する性別は女性であるとのこと）が、性同一性障害であることを社内でカミングアウトし、「これからは女性用のトイレ・更衣室を使用したい」と申し出てきました。

会社として、他の女性社員が困惑するのでそのような申出には応じられないと答えてよいでしょうか。

A 会社としては、まずは、かかる申出を認めた上で他の女性社員に対して十分な説明を行うことにより調整を図ることが可能かどうかを検討すべきです。

仮に、そのような検討の結果、申出を認めることが直ちには困難な場合であっても、代替的手段を講じることができないかを十分検討するべきです。

解説

1 会社において検討すべき事情

トイレや更衣室は、性別による区別が強く認識されやすい場所であるだけに、自認する性別からして違和感のない設備を利用したいという意思を尊重する必要性は高く、当該社員にとって、自認する性別と一致したトイレや更衣室を利用することは、人格的利益に関わるものといえます。

一方で、当該社員は性別適合手術を受けておらず、男性の外性器を有していることから、当該社員が女性トイレや女性更衣室に入ることに対

して心理的な抵抗を覚える他の女性社員が存在する可能性もあることは否定できません。

　このように，ご質問のケースで，会社は，上記二つの要請をいかに適切に調整するかという問題に直面することになります。

2　申出を認める場合

　自認する性別と一致したトイレや更衣室を利用することが本人の人格的利益に関わることからすれば，会社としては，職場環境配慮義務（社員にとって働きやすい職場環境を保つよう配慮すべき義務。労働契約法3条4項，民法1条2項）に基づき，当該社員の意向を尊重すべく，可能な限り，当該社員の申出を認める方向で検討をすべきです。

　具体的には，当該社員の希望どおりに女性トイレ及び女性更衣室の利用を認めた場合に他の女性社員が覚えるかもしれない不安感や違和感について，どのように配慮するかを検討することになります。

　この場合，非常にまれなケースとは思いますが，性同一性障害であると偽った男性社員に女性トイレや女性更衣室の利用を認めた結果，女性社員との間でのトラブルや盗撮等の犯罪行為に発展してしまう危険性が考えられます。そのような万が一のリスクを回避するためには，会社として可能な範囲で，当該社員が本当に性同一性障害を抱えているかについて確認をしておく必要があるでしょう。

　この点については，ご質問のケースのように，当該社員が現に性同一性障害の診断を受けている場合には，診断書の確認を経ることによって比較的容易に事実確認を行うことができます。他方で，トランスジェンダーの方の中には，性同一性障害との診断を受けていない人も少なくありません。そのような場合には，従前の生活状況や職場での振る舞い等について，必要な範囲での聴取等を行った上で，当該社員の申出を認めることになるでしょう。

　上記のような確認を経てもなお他の社員の不安感や違和感が払拭されないということもあるとは思いますが，会社として十分な心証を持てる程度に確認を行ったのであれば，必要な確認を行ったことについて他の社員に対して説明することによって，不安感等をなくすための努力を行

うべきと考えます。

3　申出を認めない場合の代替策

　当該社員の申出を認める方向で検討を行ったものの，周囲の女性社員からの反発が大きく，直ちに当該社員に女性トイレや女性更衣室の利用を認めることが難しいような場合には，いかなる対応をすべきでしょうか。

　このような場合であっても，当該社員の申出を完全に拒絶するような対応はとるべきではなく，会社としては，職場環境配慮義務に基づき，少なくとも下記のような対応をとることが検討されるべきです。

　まず，更衣室については，当該社員の更衣室の利用時間を区切ったり，別室を用意したりするといった対応が考えられます。ただし，当該社員からすれば，そのような特別扱いをされること自体が自身の意向に沿わないものであり，あくまで他の女性社員と同様に女性更衣室を利用したいという希望を有しているものと思いますので，会社として，このような代替手段をとれば足りると理解することは誤りです。このような代替手段をとる場合であっても，引き続き他の女性社員の理解を深めるための努力を継続し，性同一性障害を抱える社員の本来の意向に沿った解決の道を探り続ける必要があると考えます。

　同様に，トイレについても，いわゆる「誰でもトイレ」を導入することが考えられますが，これも当該社員の本来の希望（女性用トイレを使用したいという希望）と一致するものではありませんので，「誰でもトイレ」を設置することで解決したと理解することは誤りです。女性トイレを利用することこそが本人にとって自然である場合に，そのような人が「誰でもトイレ」を利用することは，当該社員にとってはあくまで妥協した結果にすぎませんし，むしろ当該社員の真意に背く場合もあるように思います。会社としては，できる限り上記2に記載したような本来的対応ができるように，引き続き努力を行うべきでしょう。

4　対応を怠った場合の会社の責任

　女性トイレや女性更衣室を利用したいという当該社員からの申出を認

めず，かつ，適当な代替策も講じない場合，会社はどのような法的責任を負うでしょうか。

　この場合，当該社員にとって，自認する性別と一致したトイレや更衣室を利用することは，人格的利益に関わるものといえるのですから，かかる人格的利益の侵害がなされたものとして，当該社員から会社に対して不法行為に基づく損害賠償請求（民法709条，710条）がなされる可能性があります。

　また，会社は，各社員に対し，職場環境配慮義務を負っていますので，かかる義務に違反したとして，損害賠償請求がなされるおそれもあります（民法415条）。

　これらの請求に対しては，会社側は，反論として，他の社員との調整困難や設備・予算面の制約といった事情を主張することになるかと思われます。その結果，会社における職場環境配慮義務違反の有無の判断は，究極的には，当該社員の人格的利益の保護の必要性と会社側の事情との比較衡量により行われることになると考えられます。

　このような比較衡量の結果，例えば，会社として，女性用トイレや女性更衣室の利用を認めるための他の女性社員との意見調整を行わず，設備的・予算的な制約がないにもかかわらず代替的手段の検討も行わず，しかも当該社員との間で十分な協議も行っていないような場合には，会社の損害賠償責任が認められる可能性は否定できません。

　会社としては，ご質問のケースにおけるような申出について，他の社員との意見調整の困難等を理由として消極的な対応に終始するのではなく，むしろ，これを機に社内でのセクシュアル・マイノリティ教育を推進し，他の社員が性同一性障害を抱える社員に対して有するかもしれない「何となく」の違和感や不安感を払拭していく努力が望まれるところです。

5　企業取組例

　株式会社資生堂は，男性・女性どちらからでもアクセス可能な共用のトイレの標識を，性別などにこだわらない表示に変更し，本社機能を持つオフィス（汐留）の全フロアに展開しています。

また，花王株式会社は，本社及び国内事業場の多目的トイレの表示を，性別によらず誰でも使いやすいように変更しています。
　ソニー株式会社は，トランスジェンダーの社員について，多目的トイレの用意や希望する性のトイレの利用など，本人の意向を確認の上，個別対応を実施しています。

【社員によるSNS上の差別的発言への対応】

Q13 当社の公式SNSアカウントの管理担当社員が、当該SNS上で、セクシュアル・マイノリティに対する差別的な内容を含む発言をしてしまいました。これによって当社が法的に何らかの責任を負担することはあるでしょうか。

　また、当該発言をしたアカウント管理担当社員への懲戒処分を行うことはできますか。

A 特定の個人を想起させ得る内容が含まれている場合は、プライバシー権を侵害したものとして、当該アカウント管理担当社員のみならず、会社自身も不法行為責任を負う可能性があります。

　また、特に悪質といえるのであれば、当該アカウント管理担当社員への懲戒処分を行うことが可能な場合もあります。

解説

1　不法行為責任の成否

(1) 名誉毀損

　一般的に、民法上の名誉毀損（民法723条）として不法行為責任を構成するには、ある特定の個人の名誉を毀損したといえなければなりません(注1)。よって、もしご質問のケースが、社内外の特定の誰かの性的指向や性自認について差別的な発言を行ったものでないとすれば、そのような発言の内容がいかに不適切なものであったにせよ、直ちに名誉毀損による不法行為責任にまでつながるものではなく、したがって会社にお

(注1) 佃克彦『名誉毀損の法律実務』33頁（弘文堂、第2版、2010）等、東京地判平成17年2月24日判タ1186号175頁参照

いて使用者責任（民法715条1項本文）を負担することもないということになります。

　ただ，例えば，氏名等に言及していないにせよ，社内の人間が読めば特定の社員のことを言っていることがわかるような文言を付加した上で，性的指向や性自認を揶揄するような発言をした場合であれば，上記対象の特定性の要件を満たすことになります(注2)。

　もっとも，この場合であっても，これに対する責任追及が名誉毀損という形で行われることは適切でないと考えます。

　すなわち，名誉毀損で保護される名誉とは一般に外部的名誉，つまり「人の品性，徳行，名声，信用等の人格的価値について社会から受ける客観的評価である名誉」を意味するものとされていますが(注3)，セクシュアル・マイノリティであるという事実が示されたとしても，そのことによって上記のような意味での外部的名誉が，対象となる人物について侵害されたとみるべきではありません。なぜなら，セクシュアル・マイノリティであることが上記の意味での「名誉」を低下させるものとみることは，セクシュアル・マイノリティであることによって社会から受ける客観的評価が低下するという理解を前提とすることになるところ，そのような理解はまさに，セクシュアル・マイノリティに対する社会の差別的な見方や偏見をいわば当然の前提として追認した上で保護法益の解釈を行うものと言わざるを得ないからです(注4)。

（2）プライバシー権侵害

　一方，判例上争いなく権利として保護されているものとして，いわゆるプライバシー権が存在します。最高裁判決においても，プライバシーの権利は人格的価値に関わるものとして人格権の一内容を構成することが前提とされており，その法益性が肯定されています(注5)。

(注2)「ある匿名記事が特定の個人の名誉を毀損するか否かについては，当該記事に記載された対象人物に関する情報等を総合考慮することにより，不特定多数の者が，匿名であってもなお当該特定人について記載されたものと認識することが可能であるか否かとの観点から判断すべきである」と判示した大阪地判平成22年10月19日判タ1361号210頁参照

(注3) 北方ジャーナル事件（最大判昭和61年6月11日民集40巻4号872頁）

(注4) その意味では，「ホモ写真」という文言を用いた記事に関して，「現在の日本社会においては，同性愛者，同行為を愛好する者に対しては侮蔑の念や不潔感を抱く者が少なくないことは公知の事実ともいえるのであって，このような状況において，控訴人甲野がかかる嗜好をもつ者と誤解されることは同控訴人の社会的評価を低下させるものということができる」という理由に基づいて名誉毀損の成立を認めた毎日新聞事件判決（東京高判平成18年10月18日判時1946号48頁）の当該判示部分は，「性的指向」を「性的嗜好」としてとらえている点も含め，少なくとも現時点では適切な見解とはいえないものと考えます。

(注5) 最判平成14年9月24日集民207号243頁

個人を特定できるような形で当該個人の性的指向や性自認を揶揄するような発言が行われた場合には、当該個人のプライバシー権を侵害したものとして不法行為が成立するかが検討されなければなりません。

　プライバシー概念についてはいわゆる「宴のあと」事件判決[注6]が参考となりますが、同判決ではプライバシー該当性が認められるための要件として以下の4要件を挙げています。

　①私生活上の事実又は私生活上の事実らしく受け取られるおそれのある事柄であること
　②一般人の感受性を基準にして当該私人の立場に立った場合公開を欲しないであろうと認められる事柄であること、換言すれば一般人の感覚を基準として公開されることによって心理的な負担、不安を覚えるであろうと認められる事柄であること
　③一般の人々に未だ知られていない事柄であること
　④このような公開によって当該私人が実際に不快・不安の念を覚えたこと

　ここで、個人の性的指向や性自認については、問題なく私生活上の事実であるということができ（①）、かつ、一般人の感覚を基準としても公開を欲しないであろうと認めることができます（②）。また、仮に被害者が周囲に対してカミングアウトしていたとしても、面識のない第三者も知り得るSNS上においては、性的指向や性自認は一般の人々に未だ知られていない事柄であるということができますし（③）、公開によって被害者は通常不快・不安の念を覚えると考えられます（④）。よって、結論として、個人の性的指向や性自認はプライバシーに該当することになります。

　そして、SNS上での差別的発言については、発言者側の利益[注7]と被害者側の利益とを比較衡量したとしても、通常、後者が前者に優越すると考えられますので、そのような場合には、民法上違法であるとして、当該アカウント管理担当社員は不法行為責任（民法709条、710条）を負担し、また、会社も使用者責任（民法715条1項本文）を負担することになります[注8]。

(注6) 東京地判昭和39年9月28日判タ165号184頁
(注7) SNSで発言を行うことは、憲法上表現の自由によって保障される行為であり、そのことは、ご質問のケースのように企業の公式SNSアカウントの管理担当社員が業務の一環として発言をした場合でも同様と考えられます。
(注8) 最判平成6年2月8日民集48巻2号149頁

例えば，被害者側の利益（性的指向や性自認を自己の承諾なく第三者に対して明らかにされないという利益）はまさにプライバシーの中核的部分として強い保護を受けるべきものである一方，発言者側の発言内容が例えば「ホモ」「オカマ」「レズ」等の言辞を含む差別的なものであるなど悪質な表現を内容とするものであるために同様の保護には値しないといえるのであれば，上記比較衡量基準に基づき，プライバシー権侵害として違法性が認められるべきでしょう。

2 研修の必要性

以上のとおり，差別的な内容を含む発言については，発言内容の対象特定性や表現の悪質性その他の事情を総合的に考慮した結果，不法行為に該当する場合があります。

また，仮に不法行為責任までは生じないとみられる場合においても，会社のレピュテーション（風評）に大きな悪影響があることは言うまでもありません。

会社としては，アカウント管理担当社員に対し，その業務を行わせる前に十分な研修を行い，万が一にも，セクシュアル・マイノリティの人々に対するものを含む無理解や差別的な発想に基づく不適切な発言が行われることがないようにすべきです。

3 懲戒処分の可否

労働契約法15条は，「使用者が労働者を懲戒することができる場合において，当該懲戒が，当該懲戒に係る労働者の行為の性質及び態様その他の事情に照らして，客観的に合理的な理由を欠き，社会通念上相当であると認められない場合は，その権利を濫用したものとして，当該懲戒は，無効とする」と定めています。よって，ご質問のケースにおいてアカウント管理担当社員に対する懲戒処分を行う場合には，この要件を満たす必要があります。

(1)「使用者が労働者を懲戒することができる場合」

まず，就業規則上懲戒事由が明示的に規定されていなかったり，懲戒

処分の手続の定めがないといった場合には，そもそも「使用者が労働者を懲戒することができる場合」にあたりません。

ただ，一般的に，会社の就業規則には，例えば「故意又は過失により会社に損害を与えたとき」というような包括的な事由が懲戒事由として掲げられた上で，懲戒処分に関する具体的な手続規定が存在する場合が多いでしょう。

(2)「客観的に合理的な理由」

次に，公式アカウントの運用はまさに会社の業務ですから，もしその運用上，会社の風評を害するような問題を生じさせたとしたら，仮にそれによって会社が法的責任を負担することまではなかったとしても，就業規則上の懲戒事由に該当すると認めるだけの客観的合理性はあると認められるものと思われます。

上記（1）に示したような就業規則上の懲戒事由の規定でいうところの「損害」には風評上の損害も含まれると解釈できますので，例えば，当該発言の内容が特に不適切な表現を含む悪質なものであり，また，そのためにメディアその他で拡散されてしまったような場合（いわゆる「炎上」をした場合）には，会社の風評に対して重大な損害を与えたものとして懲戒事由該当性を認めることが可能であると考えられます。

(3)「社会通念上相当である」と認められる場合

上記に加えて，懲戒処分を行うためには，更に，当該懲戒処分が，「社会通念上相当である」ことが必要とされています。

この見地からは，アカウント管理担当社員に対して，上記2に述べたようなアカウントの運用ポリシーその他についての適切な研修を事前に行っていなかったのであれば，会社側として尽くすべき事前の注意義務を尽くさずにその過失を一社員に転嫁するものとして相当性が認められないと解される可能性があります。

例えば，会社の公式アカウントの中には，会社側で厳格に管理を行っておらず，アカウント管理担当社員の裁量に任せていると思われるものも少なくありません。そうしたアカウント運用方法を採用している会社

において，アカウント運用上の問題が生じたからといって，直ちに当該社員を懲戒処分に付することができるとすることが，公平，適切とは思われません。すなわち，そのような場合に懲戒処分を下すことは，社会的相当性を欠くとみられることになるのではないかと思われます。

（4）まとめ

　以上を踏まえると，ご質問のようなケースについては，ケースバイケースながら，懲戒処分を行う要件を満たす場合もあるということになります。

　ただ，懲戒処分の要件が満たされるためには，会社側においても日常のアカウント管理業務をアカウント管理担当者の任意に任せてしまうのではなく，セクシュアル・マイノリティの人々に対するものも含め，差別的な内容を含む発言を行うことがないよう，事前にきちんと研修等を行い，また，発言内容も定期的に確認する等の対応をとっていることが重要になると考えられます。そこまでの対応を現にとっていないと判断される状況であれば，懲戒処分ではなく，口頭注意等の措置にとどめるのも一案でしょう。

【同性社員間の恋愛トラブルに対する特別対応の要否】

Q14 ある男性社員より,「同僚の男性社員からしつこく言い寄られて困っている」との相談がありました。相談をしてきた社員自身は異性愛者であるとの申告を受けています。

今後どのように事実確認を進め,どのような対応をすべきでしょうか。

A 原則として,異性愛者同士の社内恋愛トラブルと同様の対応をすれば足り,一方(又は双方)が同性愛者であるからといって特別な取扱いをする必要はありません。

ただし,カミングアウトの強制やアウティングとならないよう,情報の取扱いや事実確認の程度については慎重な対応が求められます。

解説

1 セクシュアル・マイノリティと恋愛トラブル

異性愛者同士での社内恋愛トラブルの例は少なくないと思われますが,セクシュアル・マイノリティの社員が当事者となる社内恋愛トラブルも同様に発生し得るものです。

その場合の対応方法については,セクシュアル・マイノリティの人々への偏見や差別に基づく対応が許されないことは当然としても,セクシュアル・マイノリティの社員が関係しているからといって特別扱いをする必要はなく,通常の異性愛者同士での社内恋愛トラブルと同様の対応をすれば足ります。

具体的には,トラブルの当事者である社員双方から言い分を聴取し,どのようなやり取りがあったのかを確認した上で,ある社員から他の社

員に対する言動（アプローチ）が通常人として困惑を感じるようなものであったか否かについて判断をし，行き過ぎがあれば注意を行い，再発を防止することによって事態の収束を図っていくことになります。

2　機微（センシティブ）情報の取扱い

　ただし，セクシュアル・マイノリティの社員が当事者である恋愛トラブルについては，相談内容等の情報の取扱いについて，異性愛者のトラブルの際よりも一層慎重な対応が求められます。なぜなら，セクシュアル・マイノリティである社員が当事者である場合には，特に，カミングアウトの強制（性的指向・性自認の申告を強制すること）やアウティング（本人の意思に反して第三者がその人の性的指向・性自認を明らかにすること）の問題が生じ得るからです。

　すなわち，セクシュアル・マイノリティの人々の中には，性的指向や性自認を公表していない人も多く，性的指向や性自認に関する情報の開示はプライバシー権として保護されると考えられることから，その社員がその性的指向や性自認を社内で公表していない場合には，より一層，取扱いに注意すべきこととなるのです。

　よって，社員から事情聴取を行う際には，性的指向や性自認に関する回答を無理強いすることのないよう留意することが求められますし，それらの情報を無理やり本人から聞き出すことは，違法なプライバシー権侵害となります。

　性的指向・性自認に関する情報の取扱いの重要性は，一橋大学アウティング事件からも明らかです。一橋大学アウティング事件とは，2015年に一橋大学法科大学院の男子学生が，同性愛者であることを同級生に暴露された後，心身に不調を来すようになり，授業中に校舎のベランダを乗り越え転落死したという事件です。この事件からわかるとおり，セクシュアル・マイノリティの人々に対する理解が十分に進んでいるとはいえない現在においては，セクシュアル・マイノリティの人々にとって自己の性的指向や性自認を漏洩されることは，自殺といった重大な結果をもたらす可能性のあるものであることを理解する必要があります。

　これを会社に置き換えて考えると，ご質問のケースのようなトラブル

事例の情報が漏洩してしまうことでアウティングと同様の結果が生じた場合，会社は，当該個人の被った損害に対する損害賠償責任を負担する可能性があるということになります（民法709条，710条）。

　とはいえ，異性愛者の恋愛トラブルと同様に対応すべきことが原則であることは上記のとおりですので，ある社員が他の社員に対してしつこく言い寄ったということが事実であれば，会社としては，上記のような情報漏洩リスクに十分配慮しつつ，言い寄った社員に対して，言い寄られた社員が困惑していることを伝え，理解を求める必要はありますし，それでもなおそのような行動が止まらず，他の社員の職場環境を害するに至った場合には，懲戒処分を行う等の対応を検討することになるでしょう。

【同性愛者への偏見に基づく苦情への対応方法】

Q15　ある社員Ａより、「男性社員Ｘと男性社員Ｙが食事や休憩時間にいつも二人でイチャイチャしている。男女のカップルであればともかく、男同士がいつも一緒にいるのは見ていて違和感がある。何とかしてほしい」との申告がありました。

　会社としては、業務に影響が出ているわけでもないので、特に問題はないと思っていますが、どのように対応すればよいでしょうか。なお、Ｘ、Ｙのいずれからも、性的指向や性自認に関する申告は受けていません。

Ａ　休憩時間をどのように使うかは原則として社員の自由であり、業務に支障が出ていない以上、特段の問題はありません。むしろ、社員Ａの相談を受けて社員Ｘ及びＹを注意することは、差別や偏見を助長することにもなりかねないため、控えるべきです。

解説

1　社員Ａの相談の趣旨

　ご質問のケースにおける社員Ａからの相談には、「男女のカップルであればともかく、男同士がいつも一緒にいるのは見ていて違和感がある」という内容が含まれています。そうすると、社員Ａの相談は、「社内でイチャイチャすることが不適切である」という趣旨というよりもむしろ、「男同士がイチャイチャすることは不適切である」という趣旨と理解できます。

　しかし、ある個人が、どのような性的指向・性自認を持つかという点

は、当該個人の人格の一部を構成する事柄といえます。したがって、個人が、性的指向・性自認について不当な抑圧や侵害を受けないことについては、人格権に基づき強度の法的保護が要請されるものと考えられます。

ご質問における、男女カップルであれば許せるが男同士であれば許せないという社員Aの申告は、まさにセクシュアル・マイノリティの人々に対する差別や偏見に基づくものと評価せざるを得ないところ、社員Aの相談に対して肯定的に対応することは、そのような差別や偏見を助長することになりかねません。よって、会社としては、社員X及びYの業務や周囲の同僚社員らの業務に具体的な支障が出ているといった事情がない限り、社員X及びYに対して何らかの注意を行うことは控えるべきでしょう。

もちろん、社員X及びYの行動により、同人ら又は周囲の同僚社員らの業務に具体的な差し障りが出ている場合（食事、休憩時間といった時間のみではなく、業務をすべき時間帯においても二人で社外に行ってしまうなど）には、男性同士であるという点とは関わりなく、社員X及びYに対してそのような行動を控えるように注意することに問題はありません。

2 性的指向や性自認に関する聴取の問題点

ご質問のケースでは、社員X及びYの性的指向や性自認は必ずしも明らかになっていません。

しかし、ある個人が、どのような性的指向・性自認を持つかという点は、人格権に基づき保護されると共に、個人のプライバシーに属する事柄であり、性的指向や性自認に関する情報は、プライバシー権によって保護されていると考えられます。

ご質問のケースにおいても、社員X及びYが一緒に行動している理由について相談を受けた担当者が安易に性的指向や性自認について社員X及びYに質問してしまうようであれば、両者の意思に反して、社員X及びYの性的指向や性自認に関する情報を聴取する結果となってしまう可能性も否定できません（事情聴取を担当する社員にとって強制的に回答

を求めているつもりがなくとも，事情聴取される社員X及びYの側において強制性を感じることはあり得ると思います）。社員の性自認や性的指向に関する情報を会社が積極的に聴取することは，その聴取行為が強制性を帯びるものとして捉えられ得ることも踏まえれば，原則として許されないというべきです。

　もちろん，前述のとおり，もしも社員X及びYの行動によって業務上の具体的な支障が生じているといえる場合には，会社として社員X及びYに対して注意を行うことが妨げられるものではありませんが，その場合であっても，社員X及びYの性的指向や性自認に関する情報を不必要に聴取することは許されません。単に，私的な関係性に立ち入るつもりは一切ないが，業務に支障を来すような行動は控えて欲しい，といったことを伝えれば足りるものと考えます。

3　不用意な事情聴取に基づく会社の責任

　なお，仮に社員X及びYが同性愛者であった場合で，会社が両者の意思に反して性的指向に関する情報を聴取したときは，社員X及びYからの事情聴取を担当した社員は，社員X及びYのプライバシー権を侵害したものとして，慰謝料等の損害賠償責任を負う可能性があります（民法709条，710条）。

　また，会社も，社員X及びYから事情聴取をした社員の使用者として，社員X及びYに対して損害賠償責任を負う可能性があります（民法715条1項本文）。

　さらに，会社は各社員に対して職場環境配慮義務（社員にとって働きやすい職場環境を保つよう配慮すべき義務）を負っています（労働契約法3条4項，民法1条2項）。そうすると，会社は，各社員が本人の意思に反してその性的指向又は性自認に関する聴取を受けることのないよう職場環境を整える義務を負っていると考えられるため，社員がその意思に反してかかる聴取を受けた場合には，上記義務に違反したものとして，社員X及びYに対して損害賠償責任を負う可能性もあります（民法415条）。

4　企業取組例

　東レ株式会社は，2017年1月よりセクシュアル・マイノリティに関する相談窓口を社内に設置し，その窓口では，セクシュアル・マイノリティ本人のみならず，本人から相談を受けた場合の対応などについても相談を受け付けています。

　セクシュアル・マイノリティの人々に対する理解を促進するためにも，同社のように，セクシュアル・マイノリティ本人は当然として，本問のようなトラブルを含め，本人以外からの相談についても取り扱う窓口が設置されることには意義があると考えます。

第4 ハラスメント

【宴会における女装芸のセクシュアル・ハラスメント該当性】

Q16 当社では，社員全員が参加する忘年会で，その年の新入男性社員が面白おかしく女装して踊るのが恒例行事となっています。

あくまで宴会芸としてやっているだけですし，特定の誰かを中傷しているわけではありませんので，問題視する必要はないということでよいでしょうか。

A 会社の忘年会でそのような踊りを社員が行った場合，特定の誰かを明示的に中傷したものではなくても，会社は，職場におけるセクシュアル・ハラスメントとして，損害賠償責任を負う可能性があります。

解説

1 セクシュアル・ハラスメントにあたるか

(1) 男女雇用機会均等法及び厚生労働省の指針

雇用の分野における男女の均等な機会及び待遇の確保等に関する法律（以下，「男女雇用機会均等法」）11条1項では，「事業主は，職場において行われる性的な言動……により当該労働者の就業環境が害されることのないよう，当該労働者からの相談に応じ，適切に対応するために必要な体制の整備その他の雇用管理上必要な措置を講じなければならない」と規定されており，同項に関して厚生労働省が定めた指針（同条2項）[注1]は，「職場におけるセクシュアルハラスメントには，同性に対するものも含まれるものである。また，被害を受けた者……の性的指向又は性自認にかかわらず，当該者に対する職場におけるセクシュアルハラスメン

(注1) 平成18年厚生労働省告示第615号

トも，本指針の対象となるものである」としています。

　また，厚生労働省通達(注2)では，「勤務時間外の『宴会』等であっても，実質上職務の延長と考えられるものは職場に該当するが，その判断に当たっては，職務との関連性，参加者，参加が強制か任意か等を考慮して個別に行うものであること」とされています。

　要するに，男女雇用機会均等法に基づいて事業主が対応すべきセクシュアル・ハラスメントには，宴会の場における社員の言動も含まれている上，異性のみならず同性に対するものも含まれ，また，被害者の性的指向又は性自認を問わないということです。

　さらに，上記指針では，会社が講じるべき措置の内容として，以下の要約にあるとおり，4項目（さらに細かく分けると9項目）が掲げられています。

---

1. 事業方針の明確化及びその周知・啓発
   ①セクシュアルハラスメントの内容・セクシュアルハラスメントがあってはならない旨の方針を明確化し，管理・監督者を含む労働者に周知・啓発すること
   ②セクシュアルハラスメントの行為者については，厳正に対処する方針・対処の内容を就業規則等の文書に規定し，管理・監督者を含む労働者に周知・啓発すること
2. 相談（苦情を含む）に応じ，適切に対応するために必要な体制の整備
   ③相談窓口をあらかじめ定めること
   ④相談窓口担当者が，内容や状況に応じ適切に対応できるようにすること。また，セクシュアルハラスメントの発生のおそれがある場合や，セクシュアルハラスメントに該当するか否かが微妙な場合であっても広く相談に対応すること
3. 事後の迅速かつ適切な対応
   ⑤相談の申し出があった場合，事実関係を迅速かつ正確に確認すること

(注2) 厚生労働省通達・雇児発第1011002号（第3・1(2)イ①）

⑥事実確認ができた場合は，行為者及び被害者に対する措置をそれぞれ適切に行うこと
　⑦再発防止に向けた措置を講ずること（事実が確認できなかった場合も同様）
4.　上記の措置と併せて講ずべき措置
　⑧相談者・行為者等のプライバシーを保護するために必要な措置を講じ，周知すること
　⑨相談したこと，事実関係の確認に協力したこと等を理由として不利益取り扱いを行ってはならない旨を定め，労働者に周知すること

（2）人事院規則

　人事院は，国家公務員の人事や勤務条件の改定等を担う役所であり，その人事院が定めた国家公務員の内部規則の一つとして，セクシュアル・ハラスメントの防止等に関するものがあります[注3]。

　その規則では，セクシュアル・ハラスメントとは，「他の者を不快にさせる職場における性的な言動及び職員が他の職員を不快にさせる職場外における性的な言動」とされており（同規則2条1号），ここでいう「性的な言動」とは，「性的な関心や欲求に基づく言動をいい，性別により役割を分担すべきとする意識又は性的指向若しくは性自認に関する偏見に基づく言動も含まれる」とされています[注4]。また，同規則6条1項に基づく「セクシュアル・ハラスメントをなくすために職員が認識すべき事項についての指針」においては，その基本的な心構えについて，「職場におけるセクシュアル・ハラスメントだけ注意するのでは不十分であ」り，「例えば，職場の人間関係がそのまま持続する歓迎会の酒席のような場において，職員が他の職員にセクシュアル・ハラスメントを行うことは，職場の人間関係を損ない勤務環境を害するおそれがあることから，勤務時間外におけるセクシュアル・ハラスメントについても十分注意する必要がある」とされています。

　すなわち，国家公務員の人事や勤務条件の改定等を担う役所が定めた

(注3)　人事院規則10-10
(注4)　人事院規則10-10の運用について・第2条関係3項（平成10年11月13日職福-442）

規則では，職場内のみならず職場外を含む性差別的な発言は全てセクシュアル・ハラスメントとされており，性的指向や性自認に関する偏見に基づく発言も含まれています。

　この規則の対象は国家公務員ですが，その趣旨は，民間企業におけるセクシュアル・ハラスメント該当性の有無を判断する際にも妥当するものと考えます。

(3) モデル就業規則

　常時10人以上の従業員を使用する使用者は，就業規則を作成し，所轄の労働基準監督署長に届け出なければなりません（労働基準法89条）。

　厚生労働省は，「モデル就業規則」として就業規則のひな形を公表していますが(注5)，2018年1月にその一部が改正され，ハラスメントの禁止について次の条項が新設されています。

> 第15条　第12条から前条までに規定するもののほか，性的指向・性自認に関する言動によるものなど職場におけるあらゆるハラスメントにより，他の労働者の就業環境を害するようなことをしてはならない。

(4) ご質問のケースについての検討

　以上からすると，民間企業においても，職場内か職場外か，相手が異性であるか同性であるか，相手の性的指向や性自認がどのようなものかにかかわらず，性的な言動はセクシュアル・ハラスメントに当たる可能性があり，「性的な言動」には，性的指向や性自認に関する偏見に基づく言動も含まれることになります。

　では，忘年会で女装して踊ること（踊らせること）は「性的な言動」に該当するでしょうか。

　まず，職場でのセクシュアル・ハラスメントにおける「性的な言動」及び「就業環境が害される」の判断基準については，「労働者の主観を重視しつつも，事業主の防止のための措置義務の対象となることを考え

(注5) 平成30年1月厚生労働省労働基準局監督課「モデル就業規則」

ると一定の客観性が必要である。具体的には，セクシュアルハラスメントが，男女の認識の違いにより生じている面があることを考慮すると，被害を受けた労働者が女性である場合には『平均的な女性労働者の感じ方』を基準とし，被害を受けた労働者が男性である場合には『平均的な男性労働者の感じ方』を基準とするのが適当であること。ただし，労働者が明確に意に反することを示しているにも関わらず，さらに行われる性的言動は職場におけるセクシュアルハラスメントと解されうるものであること」とされています(注6)。つまり，ある言動が職場におけるセクシュアル・ハラスメントに該当するかどうかは，被害者の主観を重視しつつ，平均的な労働者の感じ方を基準として判断するということです。

さて，その上で，ご質問のケースである宴会芸としての女装した踊りのセクシュアル・ハラスメント該当性を考えてみると，これについては例えば，「あくまで余興でやっているだけなのだから，平均的な労働者は，それを殊更にセクシュアル・ハラスメントであるなどとは考えないはずだ」というご意見もあるかもしれません。

しかし，宴会芸として女装して踊る（踊らせる）ということには，多くの場合，戸籍上の性別ないし生物学的性別が男性であるにもかかわらず女性的な服装をしているということを面白がり，また揶揄するようなメッセージが含まれていると言わざるを得ません。つまり，かかる行為は，異性愛以外の性的指向を持つ人々（同性愛者など）又は戸籍上の性別ないし生物学的性別に違和感がありそれとは異なる性別として生きたいと望む人々（トランスジェンダー）に対する偏見の表れであるといえます。

人事院規則において，「性的な言動」には性的指向又は性自認に関する偏見に基づく言動も含まれると理解されていることも踏まえれば，上記のような宴会芸について，それをセクシュアル・マイノリティの人々がセクシュアル・ハラスメントと感じ得ることは当然ですし，そのような感じ方は平均的な労働者の感じ方に沿ったものというべきであると考えます。

以上より，ご質問のケースにおける宴会芸としての踊りは，職場における性的な言動として，セクシュアル・ハラスメントにあたり得るとい

(注6) 厚生労働省通達・雇児発第1011002号（第3・1⑵イ⑤）

うべきでしょう。

2　会社の法的責任

では，職場でセクシュアル・ハラスメントが発生した場合，会社はどのような責任を負うのでしょうか。

会社は，各社員に対し，職場環境配慮義務（社員にとって働きやすい職場環境を保つよう配慮すべき義務）を負っています（労働契約法3条4項，民法1条2項）。これは，職場におけるセクシュアル・ハラスメントにつき適切に対応するために必要な体制の整備等の措置をとる義務（男女雇用機会均等法11条1項）と重なるものです。つまり，会社は，セクシュアル・ハラスメントについて事前及び事後に適切な対応をすることによって，社員が支障なく働けるよう環境を整える義務を負っています。

ご質問のケースについて，戸籍上の性別ないし生物学的性別が男性であり自認する性別が女性である社員から，当該宴会芸によって精神的苦痛を味わったとして，会社に対してセクシュアル・ハラスメントによる慰謝料請求がなされた場合，会社としては，仮に当該宴会芸が催されることを知りながら何らの対応もしなかったのであれば，人権侵害行為を放置したという不作為につき，上記義務の違反を問われる可能性があります。

また，こうした宴会芸が行われる背景には，就業環境に関して，会社が，セクシュアル・マイノリティに対する差別的意識・偏見を積極的に払しょくするための措置をとっていなかったということも考えられるところです。こうした体制整備の不備等に係る不作為についても，それがセクシュアル・マイノリティに対する差別的意識・偏見を醸成する基盤となったといえる限りでは，当該宴会芸による被害との間に因果関係を認めるべきであり，上記義務違反が問われ得ると考えます。

そして，このような義務違反が認められた場合，会社は，被害者たる社員に対して，その精神的苦痛に関し，損害賠償責任を負うことになります（民法415条）。

一方，セクシュアル・ハラスメントを行った社員は，その被害者たる

社員に対して，その精神的苦痛に関し，不法行為責任（民法709条，710条）を負うことになります。その場合，会社の宴会でのセクシュアル・ハラスメント発言等については「事業の執行について」なされたものと解されるため(注7)，会社も，上記義務違反に基づく責任（民法415条）とは別に，被害者たる社員に対する不法行為責任に係る使用者責任（民法715条1項本文）を負う可能性があります。

　以上のことからすれば，このような宴会芸を会社の行事として行うことを会社として許容することは避けるべきですし，そもそも普段から，こうした宴会芸が企画されるような社内風土を払拭するための適当な措置をとっていくことが望ましいと考えます。

3　企業取組例

　セクシュアル・マイノリティ当事者に対するセクシュアル・ハラスメントに関し，ジョンソン・エンド・ジョンソン日本法人グループでは，毎年10月に「Spirit Day」（若年のセクシュアル・マイノリティがいじめを受けない社会を作ろうという意思表示のため，社員がパープルのリボンを身に着ける）という日を設け，セクシュアル・マイノリティの社員に対する不適切な発言がハラスメントとなり得ることを全社員に伝えています。

（注7）大阪地判平成10年12月21日判時1687号104頁

【性的指向への偏見に基づく発言のセクシュアル・ハラスメント該当性①】

Q17 ある女性社員より，担当上司から「まだ結婚しないの？まさかレズ？」という趣旨の発言をことある毎に受けたことによりうつ病を発症したとの訴えがありました。当該女性社員から説明を受けたところでは，職場では公表していないもののレズビアンであるとのことで，担当上司の発言は大変なストレスだったようです。また，担当上司に事情を確認したところ，そのような発言があったことは事実のようですが，特段の悪気はなかったとのことでした。

どのように対処すればよいでしょうか。

A 担当上司の発言は明らかなセクシュアル・ハラスメントですので，当該上司の発言による損害賠償責任を会社が負う可能性があります。

会社においてはそのような発言に関して適切な対応をとるべきであり，職場におけるセクシュアル・ハラスメント対策について改めて確認・検討する必要があるでしょう。

解説

1　セクシュアル・ハラスメント該当性

雇用の分野における男女の均等な機会及び待遇の確保等に関する法律（以下，「男女雇用機会均等法」）11条1項では，「事業主は，職場において行われる性的な言動……により当該労働者の就業環境が害されることのないよう，当該労働者からの相談に応じ，適切に対応するために必要な体制の整備その他の雇用管理上必要な措置を講じなければならない」

と規定されており，同項に関して厚生労働省が定めた指針（同条2項）[注1]は，「職場におけるセクシュアルハラスメントには，同性に対するものも含まれるものである。また，被害を受けた者……の性的指向又は性自認にかかわらず，当該者に対する職場におけるセクシュアルハラスメントも，本指針の対象となるものである」としています。

また，職場でのセクシュアル・ハラスメントにおける「性的な言動」及び「就業環境が害される」の判断基準については，「労働者の主観を重視しつつも，事業主の防止のための措置義務の対象となることを考えると一定の客観性が必要である。具体的には，セクシュアルハラスメントが，男女の認識の違いにより生じている面があることを考慮すると，被害を受けた労働者が女性である場合には『平均的な女性労働者の感じ方』を基準とし，被害を受けた労働者が男性である場合には『平均的な男性労働者の感じ方』を基準とするのが適当であること。ただし，労働者が明確に意に反することを示しているにも関わらず，さらに行われる性的言動は職場におけるセクシュアルハラスメントと解されうるものであること」と解されています[注2]。つまり，ある言動が職場におけるセクシュアル・ハラスメントに該当するかどうかは，被害者の主観を重視しつつ，平均的な労働者の感じ方を基準として判断するということです。

以上の見地から今回の担当上司による発言について考えると，①「まだ結婚しないの？」という発言のみならず，②「まさかレズ？」という発言においても問題があるといえます。

すなわち，まず，①の発言は，「ある一定の年齢以上の女性は結婚するべき」という女性に対する偏見に基づく発言と捉えられます。そうすると，①の発言を聞いて，それが職場における性的な言動，すなわちセクシュアル・ハラスメントであると感じることはごく平均的な反応と考えるべきであり，①の発言はセクシュアル・ハラスメントに該当すると考えられます。

次に，②の発言ですが，「まさかレズ？」の「まさか」という文言の背景には，同性愛者であることが社会的な評価を低下させるものであるかのような偏見が存在すると言わざるを得ません。国家公務員の内部規則である人事院規則においては，「性的な言動」とは，「性的な関心や欲

(注1) 平成18年厚生労働省告示第615号
(注2) 厚生労働省通達・雇児発1011002号（第3・1(2)イ⑤)

求に基づく言動をいい、性別により役割を分担すべきとする意識又は性的指向若しくは性自認に関する偏見に基づく言動も含まれる」とされており[注3]、この趣旨は民間企業におけるセクシュアル・ハラスメントの判断においても妥当すると考えられることからすれば、②の発言について、レズビアンである社員がセクシュアル・ハラスメントであると感じることは当然ですし、その感じ方が、平均的な労働者の感じ方として特異なものであるということもできません。したがって、②の言動についてもセクシュアル・ハラスメントに該当すると考えられます。

この点、当該女性社員はレズビアンであることを職場で公表しておらず、上司にも悪気はなかったとのことですが、悪気がなかったとしても、無知や偏見に基づく発言によって相手を傷つけることが正当化されることはありません。現在もなお、セクシュアル・マイノリティの人々に対する理解が十分に進んでいないことから、自らの性的指向を公表できない人々が少なくないことを、常に念頭に置いておく必要があります。

2　会社としてとるべき対応及び責任

会社としては、まずは担当上司から詳しい事情を聴取するほか、上述したとおり担当上司の発言内容が「悪気がなかった」では済まされないものであることを十分に理解させる必要があります。そして、被害を受けた社員が望む限りにおいて、担当上司による謝罪も検討されるべきです。また、具体的な事情やその後の担当上司の対応次第では、担当上司に対する懲戒処分も検討する必要があるでしょう。

そして、今回のセクシュアル・ハラスメントに該当する発言につき、会社は、担当上司の使用者として、不法行為に基づく損害賠償責任（治療費、休業損害、慰謝料等）を負う可能性があります（民法715条1項本文）。

また、会社は、各社員に対して職場環境配慮義務（社員にとって働きやすい職場環境を保つよう配慮すべき義務。労働契約法3条4項、民法1条2項）を負っているとともに、職場におけるセクシュアル・ハラスメントにつき適切に対応する義務がありますので（男女雇用機会均等法11条1項）、ご質問のケースにおける担当上司の不適切な発言について、

(注3) 人事院規則10-10の運用について・第2条関係3項（平成10年11月13日職福-442）

例えば会社側として以前から知り得たにもかかわらず適当な措置を講じなかったといった事情があるのであれば，会社自身の上記義務に違反したとして損害賠償責任を負うことになる可能性もあります（民法415条）。

会社としては，これを機に，今後同様の事件が起こらないようにその他の社員に対しても改めて注意喚起や勉強会の開催等を検討するとともに，適切な被害申告を可能にし，ひいては会社としての社会的・法的責任を果たすため，セクシュアル・マイノリティに対するものを含むセクシュアル・ハラスメントの相談に対する社内の体制についても改めて見直す必要があるでしょう。

3　労働災害該当性

なお，職場におけるセクシュアル・ハラスメントによってうつ病を発症した場合，当該社員は，労働災害として労災保険による保険給付を受けることができる可能性があります。

具体的には，本問のような身体的接触のないセクシュアル・ハラスメントであっても，発言の中に人格を否定するようなものを含み，かつ継続してなされた場合，又は，性的な発言が継続してなされ，かつ会社がセクシュアル・ハラスメントであると把握していても適切な対応がなく，改善がなされなかった場合には，労働災害と認定される可能性があります[注4]。

（注4）厚生労働省等公表による「精神障害の労災認定」9頁

【性的指向への偏見に基づく発言のセクシュアル・ハラスメント該当性②】

Q18 ある社員より，職場において社員Ａが社員Ｂに対し，「お前ホモなんじゃないの？ オレを襲うのはやめてくれよ」と発言していたとの報告がありました。報告してきた社員は，「このような発言は問題なので会社で対応すべき」と言っていましたが，詳しく状況を聞いてみると，言われた社員Ｂ自身も，「俺，彼女いるから」と回答していたようであり，格別気にしているようでもなかったとのことでした。

会社として何らかの対応が必要でしょうか。

A 社員Ａの発言は職場におけるセクシュアル・ハラスメントに当たり，当該発言に関して会社は損害賠償責任を負う可能性があります。

会社としてはそのような発言に関して適切な対応をとるべきですが，調査の過程では，社員Ｂの性的指向について不用意に質問するなどして社員Ｂのプライバシー権を侵害するようなことがないよう留意すべきです。

解説

1 社員Ａの発言のセクシュアル・ハラスメント該当性

(1) セクシュアル・ハラスメントの判断基準

雇用の分野における男女の均等な機会及び待遇の確保等に関する法律（以下，「男女雇用機会均等法」）11条1項では，「事業主は，職場において行われる性的な言動……により当該労働者の就業環境が害されることのないよう，当該労働者からの相談に応じ，適切に対応するために必

要な体制の整備その他の雇用管理上必要な措置を講じなければならない」と規定されており，同項に関して厚生労働省が定めた指針（同条2項）(注1)は，「職場におけるセクシュアルハラスメントには，同性に対するものも含まれるものである。また，被害を受けた者……の性的指向又は性自認にかかわらず，当該者に対する職場におけるセクシュアルハラスメントも，本指針の対象となるものである」としています。

また，職場でのセクシュアル・ハラスメントにおける「性的な言動」及び「就業環境が害される」の判断基準については，「労働者の主観を重視しつつも，事業主の防止のための措置義務の対象となることを考えると一定の客観性が必要である。具体的には，セクシュアルハラスメントが，男女の認識の違いにより生じている面があることを考慮すると，被害を受けた労働者が女性である場合には『平均的な女性労働者の感じ方』を基準とし，被害を受けた労働者が男性である場合には『平均的な男性労働者の感じ方』を基準とするのが適当であること。ただし，労働者が明確に意に反することを示しているにも関わらず，さらに行われる性的言動は職場におけるセクシュアルハラスメントと解されうるものであること」と解されています(注2)。つまり，ある言動が職場におけるセクシュアル・ハラスメントに該当するかどうかは，被害者の主観を重視しつつ，平均的な労働者の感じ方を基準として判断するということです。

(2) セクシュアル・ハラスメント該当性の検討

以上を踏まえ，社員Aによる「お前ホモなんじゃないの？ オレを襲うのはやめてくれよ」という発言が職場におけるセクシュアル・ハラスメントに該当するか否かを検討します。

仮に社員Aが冗談として発言していたとしても，例えば異性愛者と思われる女性に同じような発言（「俺を襲うのはやめてくれよ」という発言）をすることはないと思われますので，社員Aの発言は，同性愛者の男性に対する偏見に基づく差別的なものと言わざるを得ません。

そして，国家公務員の内部規則である人事院規則においては，「性的な言動」とは，「性的な関心や欲求に基づく言動をいい，性別により役割を分担すべきとする意識又は性的指向若しくは性自認に関する偏見に

(注1) 平成18年厚生労働省告示第615号
(注2) 厚生労働省通達・雇児発第1011002号（第3・1(2)イ⑤）

基づく言動も含まれる」とされており(注3)、この趣旨は民間企業におけるセクシュアル・ハラスメントの判断においても妥当すると考えられることからすれば、社員Aの発言について、同性愛者の男性社員がセクシュアル・ハラスメントであると感じることは当然ですし、そのような感じ方が平均的な労働者の感じ方からして特異であるともいえません。

よって、社員Aの発言は、セクシュアル・ハラスメントに該当すると考えられます。

2　社員Aに対して会社としてとるべき対応

会社は、職場におけるセクシュアル・ハラスメントにより社員の就業環境が害されることのないよう、社員からの相談に応じ、適切に対応するために必要な体制の整備等の措置をとる義務を負っています（男女雇用機会均等法11条1項）。

ご質問のケースにおける社員Aの発言がセクシュアル・ハラスメントにあたる可能性があることは既に述べたとおりですので、会社としては、まずは社員Aから事情を聴取すると共に、発言の相手方の社員Bの性的指向にかかわらず、セクシュアル・ハラスメントに該当し得るものであることを十分に理解させる必要があります。

そして、再発防止の観点から、セクシュアル・マイノリティに関する社内全体の理解を促進しておくことも検討されるべきでしょう。

3　社員Bへの対応

ご質問のケースにおいて、社員Bは「俺、彼女いるから」と回答していたとのことでしたので、社員B自身は異性愛者と理解し、その前提の下で会社としての対応の如何を決定してもよいかといえば、そういうものでもありません。

セクシュアル・マイノリティに対する理解が不十分である日本社会において、同性愛者の中には自分の性的指向を偽って生活せざるを得ない人が少なくありません。とすると、上記のような回答がなされたとしても、社員Bが同性愛者又は両性愛者である可能性は依然として存在します。また、仮に社員Bが異性愛者であっても、社員Aの発言を聞いた他

(注3) 人事院規則10-10の運用について・第2条関係3項（平成10年11月13日職福-442）

の社員が不快感を抱く可能性もあり，社員Bの反応だけ基準に，社員Aの発言が問題なしとされるべきでもありません。

よって，社員Bの発言があるからといって社員Aの発言を放置してよいということにはならず，前述のような会社対応が必要であることに変わりはありません。

なお，社員Bの性的指向如何によっては，精神面を含めたフォローの必要性が高まる場合があるものの，性的指向は個人のプライバシーに属する事柄ですから，社員Bのフォローが必要であるというだけの理由で，会社が社員の意思に反してその点を積極的に聴取することは許されません。

ご質問のケースにおいても，調査担当者が社員Bに対してその性的指向について不用意に質問をした場合には，かえって，当該調査担当者ないし会社が社員Bのプライバシーを侵害したものとして，セクシュアル・ハラスメント被害とは別に，不法行為に基づく損害賠償責任を負う可能性があります（民法709条，710条，715条1項本文）。

4 会社の責任

社員Aの発言が社員B又は他の社員に対するセクシュアル・ハラスメントに該当する以上，会社は，社員Aの使用者として，被害者である社員に対して損害賠償責任を負う可能性があります（民法715条1項本文）。また，会社は各社員に対して職場環境配慮義務（社員にとって働きやすい職場環境を保つよう配慮すべき義務。労働契約法3条4項，民法1条2項）を負っているとともに，職場におけるセクシュアル・ハラスメントにつき適切に対応する義務がありますので（男女雇用機会均等法11条1項），社員Aの発言が，適切な社内環境の調整を会社が怠っていたことの結果であると認められる場合には，会社は，上記義務に違反したものとして，損害賠償責任を負う可能性もあります（民法415条）。

さらに，既述のとおり，社内対応の過程で社員Bの性的指向にかかるプライバシー侵害があった場合には，社員Aによるセクシュアル・ハラスメントとは別に，不法行為に基づく損害賠償責任が生じる可能性がありますので，この点にも注意が必要です。

【言論の自由を理由とするハラスメント正当化の可否】

Q19 （前問の続き）

社員Aから事情を聴取し、担当者より注意したところ、社員Aより、「他人がホモであることは自由だが、自分にもそれを嫌う自由があるはずだ」「ホモという言葉を使ってはいけないとすれば、それは不当な言論統制ではないか」という反論がありました。これに対してどう対応すればよいでしょうか。

また、その後も社員Aの態度が改善されない場合、どのように対応すればよいでしょうか。

A 会社が社員に対して一定の思想や発言を強制することはできませんが、本来個人の自由に属する言動であっても他者の自由や権利を不当に侵害することは許されません。また、社員は会社と労働契約を締結している以上、当該契約関係に基づく一定の制約を受けます。

このような点を説明して同様の発言を控えるよう理解を求め、それでも社員Aの態度が改善されない場合には、懲戒処分を行うことも検討する必要があるでしょう。

解説

1　個人の自由とその限界

ある個人がどのような考えを持ってどのような発言をするのかということは、個人の自由であり、他者が介入することは原則として許されません（憲法19条、21条1項）。しかし、個人の自由に属する言動であっ

ても，他者の自由や権利と衝突する局面において，そのような他者の自由や権利を不当に侵害してはならないことは当然です。

ご質問のケースで考えると，同性愛者に対する考えや感情それ自体は，社員Aの内心の自由に属する事柄であり，それがいかに偏見に基づいたものであろうとも，他者が社員Aの内心に介入し，考えを変えることを強制することは許されません。しかし，社員Aが自分の考えを外部に表明する場合には，他者の自由や権利を不当に侵害する可能性がありますので，社員Aの発言の全てが自由なものとして許されるわけではありません。

また，社員Aは会社との労働契約に基づいて勤務している以上，その内容が合理的かつ相当である限り，会社の業務命令に従わなければならないものとされています(注1)。

よって，ある発言がセクシュアル・ハラスメントとして問題となり得るものであり，トラブル防止のために必要かつ合理的な範囲内であれば，その方法が不当でない限り，会社は社員に対して，会社における職場環境を害するような種類の発言を行うことを禁止することも許されるといえます。

2 今回の注意について

雇用の分野における男女の均等な機会及び待遇の確保等に関する法律11条1項に基づく措置に関して厚生労働省が定めた指針（同条2項）(注2)は，会社が講じるべき措置として，「再発防止に向けた措置」を掲げています。よって，職場におけるセクシュアル・ハラスメントがあった場合，会社は，セクシュアル・ハラスメントの再発を防止するための措置をとる必要があります。

ご質問のケースでは「お前ホモなんじゃないの？ オレを襲うのはやめてくれよ」という発言に対する注意が問題となっていますが，この発言が，同性愛者に対する偏見に基づくものであって，セクシュアル・ハラスメントに該当するものであることは前問にて述べたとおりです。

そうすると，会社として社員Aに対してその点を注意して改善を促すことは，セクシュアル・ハラスメントの再発を防止して良好な職場環境

(注1) 最判平成8年2月23日労判690号12頁
(注2) 平成18年厚生労働省告示第615号

を維持するために必要かつ合理的なものと考えられます。また，ご質問のケースでは注意の態様としても不当な点は見られず，相当といえます。

したがって，ご質問のケースにおける社員に対する注意は，不当な言論統制などと評価されるものではなく，適法な業務命令であるといえます。

3 社員Aの言動が改善されない場合

上記のとおり，会社にはトラブルの再発防止のための措置を講じる義務があるため，社員Aに対して必要な注意等を行うほか，社員Aに対するものも含め，セクシュアル・マイノリティに関する研修・講習を改めて実施すること等が検討されるべきです。

それでもなお社員Aの言動が改善されない場合には，社員Aは，職場において他の社員の就労環境を悪化させる言動をし続けていることになりますので，会社としても厳しく対応すべきです。場合により，就業規則の懲戒事由に基づいて，社員Aに対する懲戒処分を検討する必要があるでしょう。

第5　アウティング

【カミングアウトされた内容を第三者に話すことの可否】

> **Q20**　部下の社員からレズビアンであることをカミングアウトされた担当上司が，その社員の承諾なく，そのことを他の社員に話してしまったということで，カミングアウトした社員から相談を受けました。
> 会社として何か責任を負うことになるでしょうか。

> **A**　本人の承諾なくその性的指向を第三者に漏らすことはプライバシー権侵害となります。会社の対応によっては，担当上司のみならず会社自身も，カミングアウトした社員に対する損害賠償責任を負う可能性があります。

解説

1　アウティングとは

　今回のように，本人の承諾なく，本人が公表していない性的指向や性自認を第三者に公表することをアウティングといいます。アウティングは，本人のプライバシー権を侵害するものと考えられます。

　ここで，プライバシー権とは，「自己に関する情報をコントロールする権利」と解されています(注1)。つまり，自分に関する情報をいつ，誰に，どのように開示し又は開示しないかを自分で決定できる権利がプライバシー権であるということになります。そして，性的指向や性自認は，個人の属性に関する情報という意味で自分に関する情報に該当しますので，それを誰に開示し又は誰に開示しないかということは，まさに本人のみが決定できることであり，それはプライバシー権として保護されていると考えられるのです。そうすると，本人の承諾なく勝手に他人の性

(注1) 芦部信喜著・高橋和之補訂『憲法』123頁（岩波書店，第六版，2015）

的指向や性自認を公表することは，その人のプライバシー権を侵害することになります。

この点に関し，セクシュアル・マイノリティの人々の性的指向や性自認を第三者に公表することは名誉毀損になるという考え方もあり，このような考え方に基づく判決として東京高判平成18年10月18日[注2]があります。この事件は，ある人物を同性愛者であると誤解させるような記載がなされた広告内容が名誉毀損であるとして広告の出版社の損害賠償責任を認めたものです。

この点，名誉毀損とは，個人の外部的名誉を低下させることと理解されていますから，セクシュアル・マイノリティの人々のセクシュアリティ（性的指向や性自認などの性のあり方）を第三者に公表することが名誉毀損に該当すると解することは，そのようなセクシュアリティが個人の外部的名誉を低下させるものであるという偏見の存在を前提とすることになります。しかし，個人の性的指向や性自認のあり方は，その個人固有のものとして尊重されるべき事柄であり，本来，個人の外部的名誉を低下させるものと位置付けられることがあってはなりません。残念ながら，現在の社会において，実際にまだそのような偏見が存在することは否定できませんが，そのことを問題視し，それを是正していく方向での議論がなされるべきです。

したがって，アウティングは，名誉毀損ではなく，プライバシー権を侵害するものとして許されないと解することが妥当であると考えます。

2　アウティング被害の重大性

アウティングによる被害の重大性が浮き彫りになった事件として，一橋大学アウティング事件があります。これは，2015年に一橋大学法科大学院の男子学生が，同性愛者であることを同級生に暴露された後，心身に不調を来すようになり，授業中に校舎のベランダを乗り越え転落死したという事件です。亡くなった男子学生の遺族が大学と同級生に対して損害賠償を求める訴訟を東京地裁に起こし，同級生との間では和解が成立しましたが，大学との関係では本書執筆時点において係争中です。

訴訟の結論がどのようなものとなるにせよ，アウティングという行為

(注2)　判時1946号48頁

が，本人の心身に対して大きな影響を及ぼすものであり，最悪の場合，上記のような悲劇をもたらし得るものであることは十分に認識されるべきでしょう。

いうまでもなく，社会全体がセクシュアル・マイノリティの人々に対して十分な理解を有し，偏見や差別が存在していないのであれば，ある人が自らの性的指向や性自認を第三者に知られたとしても，それによる精神的苦痛はそれほど重大なものとはならないであろうといえます。

したがって，アウティングによる被害は，社会全体の無知・無理解・無関心によってもたらされているという側面があるということについても，改めて認識される必要があると考えます。

3 会社の責任

以上から，アウティングをした者は，その本人に対し，プライバシー権を侵害したものとして損害賠償責任を負うことになります（民法709条，710条）。ご質問のケースでいえば，担当上司はアウティング被害を受けた社員に対して慰謝料等の損害賠償責任を負うことになります。

そして，会社は，担当上司の使用者として，担当上司に代わって，アウティング被害を受けた社員に対して慰謝料等の損害賠償責任を負う可能性があります（民法715条1項本文）。

さらに，会社は各社員に対し，安全配慮義務（労働契約法5条）及び職場環境配慮義務（社員にとって働きやすい職場環境を保つよう配慮すべき義務。労働契約法3条4項，民法1条2項）を負っています。アウティング被害が，場合によって自殺といった結果に至り得るほど被害者の精神的不調をもたらすものであることは既述のとおりですので，会社は，ある社員の性的指向又は性自認に係る情報を取得した場合には，万が一にも当該情報が漏洩されることがないように適切に管理し，当該社員が身体的にも精神的にも安全かつ平穏に働けるよう環境を整える義務があるということができます。このような措置がとられることなく，その結果として職場におけるアウティングが生じてしまった場合には，会社自身が上記義務に違反したとして，アウティング被害を受けた社員に対して直接的に損害賠償責任を負う可能性があります（民法415条）。

第6　福利厚生

【性別適合手術を理由とする傷病休暇の可否】

Q21 ある社員から，「自分は性同一性障害である。性別適合手術を受けるために海外に行く必要があり，その後のアフターケアも含めて1か月仕事を休まざるを得ないので，傷病休暇を認めて欲しい」との申出がありました。
どのように対応すべきでしょうか。

A 性別適合手術は，性同一性障害を抱える人に対する治療の一つですから，性同一性障害を抱える社員からその治療たる性別適合手術を受けることを理由とした傷病休暇の申出がなされた場合，会社は，これに応じる必要があると考えます。

解 説

1　性別適合手術とは

　性同一性障害を抱える人に対する治療には，精神的治療と身体的治療があり，身体的治療としては，ホルモン療法，乳房切除術（生物学的性別は女性であるが自認する性別は男性であるトランスジェンダー男性の場合）及び性別適合手術があります。

　性別適合手術は，身体的治療の一つであり，トランスジェンダー女性（生物学的性別は男性であるが自認する性別は女性である人）の場合の精巣摘出，陰茎切除，造腟及び外陰部形成術，トランスジェンダー男性（生物学的性別は女性であるが自認する性別は男性である人）の場合の卵巣摘出，子宮摘出，尿道延長，腟閉鎖及び陰茎形成術を指します[注1]。

　日本においては，性別適合手術を行うことができる医療機関の数が限

(注1) 日本精神神経学会性同一性障害に関する委員会「性同一性障害に関する診断と治療のガイドライン（第4版改）」25頁

られており，一定の基準を満たす医療機関で手術を行う場合以外は保険の対象でもないため，安価な海外の医療施設で行わざるを得ない場合が多いのが実情です。また，アフターケアも含めると，1か月程度仕事を休まざるを得ないとも言われています。

2 傷病休暇の適用

傷病休暇は，社員が，負傷又は疾病のために療養する必要がある場合に申し出るものです。就業規則においては，一般に，「労働者が私的な負傷又は疾病のため療養する必要があり，勤務しないことがやむを得ないと認められる場合に，傷病休暇を○日与える」といった規定内容となっていることが多いかと思います。

一般企業の場合，傷病休暇の制度を設けるか否か，また，設けた場合に期間や賃金の支払をどうするかについては，公序良俗（民法90条）に反しない限り，会社が任意に決めることができます。しかし，既に設けられている傷病休暇の規定を適用するにあたっては，社員ごとの取扱いにおいて不合理な差異があってはならないことは当然です。

ご質問のケースは，性同一性障害を抱える社員から，性別適合手術を受け，その後のアフターケアを行うために傷病休暇の申出がなされたものですが，性別適合手術は，上記のとおり，性同一性障害を抱える人に対する治療の一つですから，それを要する人については，医学的に治療の必要性が認められます。

よって，性同一性障害を抱える社員からその治療たる性別適合手術を受けることを理由とした傷病休暇の申出がなされた場合，会社は，他の負傷・疾病の療養が必要である場合と同様に，これに応じる必要があると考えます。治療ではない私的事由による休暇の申出と誤って捉え，傷病休暇の制度を用いた場合と比較して期間その他に関して不利な取扱いを行うことがないよう，注意が必要です。

3 性別適合手術の位置付け

なお，性別適合手術が性同一性障害を抱える人に対する治療の一種であるからといって，性同一性障害を抱える全ての人に性別適合手術が必

要であるとか，全ての人が性別適合手術を望んでいるというわけではありません。性同一性障害を抱える人，あるいは，性同一性障害という診断を受けていないその他のトランスジェンダーの人々が，何をすれば，あるいはどこまでの治療をすれば，自分らしくいられるのかは，個々人によって異なります。

　例えば，本人が自己の性別であると認識している性別で周りの人が接してくれるのであれば，特に何らの治療も必要ないという人もいれば，自身が認識する性別に従った髪型・服装をしなければ自己のアイデンティティを保つことができないという人もいます。また，ホルモン治療で身体的特徴を自身が認識する性別へ近づけること（変声，体毛・毛髪の増減，乳房拡大など）は必要であるものの性別適合手術までは必要ないという人や，やはり性別適合手術は必要ないけれども戸籍上の性別を変更しなければ自己のアイデンティティが保てないという人もいます。

　一方で，性別適合手術をして，内性器や外性器を自身が認識する性別に近づけなければ，自己のアイデンティティを保つことができず，社会生活に支障が出るという人も，相当数存在します。そのような人にとっては，性別適合手術は医学的に必要な治療ということになります。

4　企業取組例

　年次有給休暇の例ではありますが，キリン株式会社，麒麟麦酒株式会社，キリンビバレッジ株式会社及びメルシャン株式会社は，2017年7月1日より，性同一性障害の社員がホルモン治療，性別適合手術といった医学的措置を受ける際に，最大60日の積立休暇（失効した年次有給休暇について最高60日まで積み立てることができるものであり，育児・介護，ボランティア，不妊治療といった特定の利用目的について利用できる社内制度）を取得できるよう，制度を整えています。

5　規定例

　性同一性障害を抱える社員による治療を理由とした休暇の申出がなされた場合に傷病休暇・傷病休業の規定を適用することを明確にしておくため，就業規則上の傷病休暇・傷病休業の規定について，次のような追

記を行っておくことが考えられます。

> 本条第〇項にいう「傷病」には，性別違和ないし性同一性障害を抱える者において医学上の治療を要する状態を含むものとする。

【同性カップルへの家族手当・社宅付与の可否】

Q22 ある社員から,「同性パートナーがいるので,家族手当を支給して欲しい。また,同性パートナーと一緒に社宅に住みたい」との申出がありました。どのように対応すべきでしょうか。

A 同性カップルを家族手当や社宅制度の適用対象外とすることが,直ちに法律違反となるわけではありませんが,異性カップルか同性カップルかで差異を設けることに合理的な理由は見当たりませんので,会社としては柔軟に対応すべきと考えます。

解説

1 家族手当・社宅とは

　家族手当は,養うべき家族（扶養家族）を持つ社員に対して会社から支給されるもので,その生活を維持することを目的としています。一般的な家族手当の支給に関する規程においては,例えば,「家族手当は,次の家族を扶養している労働者に対し支給する。①配偶者 月額〇円 ②18歳未満の子 1人につき 月額〇円」といった形で,「配偶者」や「子」が扶養対象たる「家族」として規定されていることが多いと思われます。

　また,社宅は,会社が社員に対して比較的安い賃料で貸与する住宅を指し,その住環境を補助することを目的としています。一般的な社宅に関する規程においては,「同居家族の範囲は,①配偶者,②子及び③本人又は配偶者が扶養を要する直系尊属とする」といった形で,やはり「配偶者」や「子」が,同居の許される「家族」として規定されていることが多いと思われます。

　一般企業の場合,家族手当を支給するのか,社宅制度を採用するのか,

支給・採用する場合にどのような内容とするのかは、公序良俗（民法90条）に反しない限り、企業が任意に決めることができます。しかし、既に存在する家族手当・社宅の規定の適用にあたって、社員ごとの取扱いにおいて不合理な差異があることは許されません。

2　所得税法・社会保険における同性パートナーの取扱い

　所得税法上、配偶者控除を受けられる「配偶者」とは、「民法の規定による配偶者」をいい、いわゆる内縁の妻など、事実婚の相手方は、配偶者控除の対象とはならないとされています(注1)。

　これに対し、社会保険上の被扶養者である「配偶者」には、「届出をしていないが、事実上婚姻関係と同様の事情にある者」も含まれ、事実婚の相手方も法律婚の場合と同様の取扱いを受けています(注2)。しかし、現在のところ、厚生労働省は、この「事実上婚姻関係と同様の事情のある者」について、婚姻届を提出しさえすれば法律上の配偶者となる状態を指し、異性であることが前提であると解しているようです(注3)。

　よって、現行制度においては、同性パートナーと事実婚の状態にある者は、所得税法上の配偶者控除や社会保険上の被扶養者としての公的な恩恵を受けることはできません。

3　就業規則における同性パートナーの取扱い

　では、会社における福利厚生制度においては、社員の同性パートナーをどのように取り扱えばよいのでしょうか。

　この点については、そもそも、当該会社において、家族手当規程における扶養対象たる「家族」としての「配偶者」、あるいは、社宅規程における「同居家族」たる「配偶者」につき、法律婚をしている夫婦に限るという運用をしている場合と、事実婚である異性のパートナーをも含めるという運用をしている場合があるかと思います。

　法律婚をしている夫婦に限って上記家族手当規程や社宅規程における「家族」あるいは「配偶者」に該当するという運用をしている場合、「法律婚をしているか否か」という明確な基準が一応は存在するため、事実婚の異性カップルに適用していないのと同様に、同性カップルにも適用

(注1)　所得税基本通達2-46
(注2)　健康保険法3条7項1号など
(注3)　筆者らの照会に対する厚生労働省保険課担当者による2018年5月10日電話回答

しないという取扱いをしても，殊更に同性カップルだけを不平等に取り扱っているわけではなく，それによって直ちに法的な問題が生じることはないと考えます。

一方，既にある家族手当規程や社宅規程において事実婚である異性カップルも明示的に適用対象となっている場合や，規定上は明らかでないものの運用として事実婚の異性カップルにも適用しているという場合には，もともと法律婚ではない異性カップルにも適用を認めているのだから，同性カップルにも同様に適用を認めなければ，同性カップルと異性カップルとの取扱いが異なるという意味で不平等ではないかとの疑念も生じ得るところです。

ただ，現在の日本においては，同性カップルにはそもそも法律婚が認められていないことから，今は法律婚をしていないものの法律婚がいつでも（少なくとも制度上は）可能である異性カップルとは立場的に異なる部分があるともいえます。その点に着目すれば，「異性カップルは適用対象とするが同性カップルは適用対象としない」という会社の規定や取扱いが直ちに法的な問題を生ぜしめるとまで断言することは，困難なところがあります。

しかし，家族の形態が多様化した今日の社会において，法律婚をしている者のみ，あるいは，法律婚が制度上可能な異性間の事実婚カップルのみを「配偶者」あるいは「家族」と考えることの妥当性については一考の余地があるというべきです。この点，特に同性カップルについては，現在の日本において法律婚が認められていないために，異性カップルと異なり，法律上の配偶者になりたくてもなれない立場にあることも忘れてはならない観点です。

会社側の扱いの問題として，同性カップルであっても事実婚の異性カップルであっても，一定の要件を満たす場合には家族手当や社宅制度の対象とするという取扱いへと変更していくことは可能ですし，社会の変化に柔軟に対応していくという観点からは，そのように変更していくことが望ましいと考えられます。

4　同性パートナーの確認資料

　同性パートナーを持つ社員について福利厚生制度を適用する際，その社員からどのような資料を提出してもらうべきかという実務的な問題があります。

　この点，例えば，ヤフー株式会社においては，同性パートナーを持つ社員に福利厚生制度を適用するに際し，「公正証書，パートナーシップ証明書・宣誓書受領書，同一世帯の住民票（3年以上）などいずれか」を提出資料としており，また，楽天株式会社は，「パートナーの両者及び第三者の証人による署名が記載された会社指定の書類」を，同性パートナーを持つ社員が福利厚生制度を利用する際の提出資料としています。

　もっとも，公正証書を作成するには費用や手間がかかりますし，パートナーシップ証明書・宣誓書受領書は一部の自治体でしか発行されていないものです。また，身近な人にカミングアウトできておらず，「第三者による署名」を取得することが困難な状況にある同性カップルも少なくありません。よって，それらの点を踏まえ，同一世帯であることがわかる住民票や，パートナー両者による申請書をもって確認資料とすることが望ましいと考えられます。

　いずれにしても，事実婚の相手が異性であるか同性であるかによって提出資料の負担が異なることに合理的な理由は見当たりませんので，事実婚の相手が異性であるか同性であるかにかかわらず，概ね同等の時間と手間をもって用意できる資料に基づいて確認すれば足りるとすることが妥当でしょう。

5　規定例

　家族手当や社宅制度を含む福利厚生に関する規程において，同性パートナーを法律婚の配偶者と同様に取り扱うことを明確化する場合，以下のような文言を追加することが考えられます。

　本章において「配偶者」とは，異性であるか同性であるかを問わず，事実上婚姻関係と同様の事情にある者を含む。

---

6 企業取組例

　あいおいニッセイ同和損害保険株式会社，株式会社NTTドコモ，カルビー株式会社など多数の企業が，配偶者に適用させる人事諸制度（結婚休暇，育児・介護休業，社宅利用，赴任旅費等）を同性パートナーに適用しています。

【同性パートナー又はその子のための介護休業・育児休業の可否】

Q23 ある社員から、「同居の同性パートナーが急病になったので介護休業をとりたい」、また、「一緒に育てている同性パートナーの子の育児のため、育児休業をとりたい」との申出がありました。

当社には育児・介護休業規程がありますが、同性パートナーの介護や同性パートナーの子の育児のための休業は想定していないため、申出を断っても問題ないでしょうか。

A 同性パートナーの介護のための介護休業や一緒に育てている同性パートナーの子の育児のための育児休業の申出を拒んだことで、直ちに法的な問題が生じることにはなりませんが、会社としては、それらを認めていくことが望ましいと考えます。

解説

1 育児・介護休業法
(1) 介護休業・介護休業とは

育児休業、介護休業等育児又は家族介護を行う労働者の福祉に関する法律（以下、「育児・介護休業法」）により、社員は、会社に対して、1歳に満たない子を養育するための休業（育児休業）の申出をすることによって育児休業をすること（同法5条1項）及び要介護状態にある対象家族を介護するための休業（介護休業）の申出をすることによって介護休業をすること（同法11条1項）が認められています。社員は、この申出をすることにより、会社の承諾なく休業することができ、会社は、

原則として申出を拒むことができません。

(2) 同性パートナー及びその子の取扱い

育児・介護休業法において認められている育児休業の育児の対象たる「子」には、法律上の親子関係がある子のほか、一定の場合に該当する子を含みますが（同法2条1号）、法律婚をしていない相手の子は、認知により実子となっているか、養子縁組により養子となっていない限り、ここでいう「子」に該当しません。

また、介護休業の介護の対象たる「家族」とは、配偶者、父母及び子、配偶者の父母をいい、この「配偶者」には、「婚姻の届出をしていないが、事実上婚姻関係と同様の事情にある者」が含まれるものの（同法2条4号）、厚生労働省は、これは事実婚の異性パートナーを想定しており、同性パートナーは想定されていない（含まれない）という立場を採っているようです[注1]。

2 会社における対応

(1) 同性パートナー及びその子の取扱い

各会社においては、育児・介護休業法に基づき、就業規則の中に育児・介護休業に関する規定が置かれているか、就業規則とは別に育児・介護休業規程が設けられているのが通常かと思います。そして、その適用対象として、同性パートナーやその子は、厚生労働省の解釈と同様に想定していないか、あるいはこれまでそのような申出がなかったために検討したことがないという会社が少なくないかと思います。

しかし、育児・介護休業法は、「子の養育又は家族の介護を行う労働者等の雇用の継続及び再就職の促進を図り、もってこれらの者の職業生活と家庭生活との両立に寄与することを通じて、これらの者の福祉の増進を図り、あわせて経済及び社会の発展に資すること」を目的としたものです（同法1条）。そうであれば、実際の共同生活の実態を踏まえた場合に「事実上婚姻関係と同様の事情にある」といえる同性パートナーやその子について、法律婚又は事実婚の異性パートナーやその子と異なる取扱いをすることに合理的理由は見当たりません。

(注1) 筆者らの照会に対する厚生労働省東京労働局雇用環境・均等部指導課担当者による2018年5月10日電話回答

よって，上記については，立法趣旨に照らして現在の厚生労働省の解釈の変更が望まれるところであり，また，会社としても，同性パートナーの介護のための介護休業や一緒に育てている同性パートナーの子の育児のための育児休業の申出を拒んだことで，直ちに法的な問題が生じることにはならないものの，社員の福利厚生の観点から，就業規則あるいは育児・介護休業規程における育児の対象に同性パートナーの子を，介護の対象に同性パートナーを含めることが望ましいと考えます[注2]。

（2）同性パートナーの確認資料

　同性パートナーの子を養育するための育児休業を認めたり，同性パートナーを介護するための介護休業を認める場合，家族手当・社宅制度について述べたところと同様，その社員からどのような資料を提出してもらうべきかという実務的な問題が生じます（前問参照）。

　異性カップルであるか同性カップルであるかによって提出資料の負担が異なることに合理的な理由は見当たりませんので，同一世帯であることがわかる住民票やパートナー両者による申請書など，異性カップルの場合と概ね同等の時間と手間をもって用意できる資料に基づいて確認すれば足りるとすることが妥当でしょう。

（3）規定例

　同性パートナーの子の育児を理由とする育児休業や同性パートナーの介護を理由とする介護休業を認めることを明示する際の規定の例として，以下のような文言を追記することが考えられます。

　本章において「配偶者」とは，異性であるか同性であるかを問わず，事実上婚姻関係と同様の事情にある者を含む。
　本章において「子」とは，事実上，養子縁組関係と同様の事情にある者を含む。

（注2）なお，同性カップルの場合，同性パートナーの子を認知することはできませんから，認知という方法で同性パートナーの子を育児休業の対象たる「子」に該当させることはできません。また，同性パートナーの子（未成年）と養子縁組するためには家庭裁判所の許可が必要であるところ（民法798条第1文），同性カップルの場合にそのような許可が出るのかは不透明です。

3　自治体・企業取組例

　千葉市では，同性パートナーのいる市職員が短期介護休暇（年5日）や介護休暇（最大6か月）を使えるよう，2017年1月より，職員向け規則の解釈を広げています。

　また，あいおいニッセイ同和損害保険株式会社，株式会社NTTドコモ，カルビー株式会社など多数の企業が，配偶者に適用させる人事諸制度（結婚休暇，育児・介護休業，社宅利用，赴任旅費等）を同性パートナーに適用しています。

COLUMN

退職金の支払先

　社員が死亡した場合の退職金の受給権者については，退職金規程において，第1順位として社員の「配偶者」，それ以降の順位として，「子」，「親」などの親族と定めている例が多いと思います。

　しかし，単に「配偶者」と定めている場合，あるいは，「配偶者（婚姻の届出をしなくとも事実上婚姻と同様の関係にある者を含む）」と定めている場合において，いざ社員が死亡した際に，もし，その同性パートナーであるという人物から退職金の支払を請求されたら，どのように対応すべきでしょうか。

　この場合，かかる同性パートナーが退職金規程上の「配偶者」に該当し得るという考え方を会社として採ったとしても，だからといって請求に直ちに応じて問題が生じないとは限りません。なぜなら，例えば家族手当など，他の福利厚生制度であれば，会社がその範囲を同性パートナーに広げたとしても，それによって権利を失う人がいるわけではないのに対し，退職金の場合には，もし，死亡した社員に「配偶者」がいなければ，「子」や「親」など，退職金を受給することができる立場にある人が他に存在し得るため，最悪の場合，誤った支払先に退職金を支払ったものとして二重払いを請求される事態も生じ得るからです。

　このような事態を防ぎつつ，上記のような会社の考え方に基づいた退職金受給を実現するためには，例えば，「『配偶者』とは，異性であるか同性であるかを問わず，事実上婚姻と同様の関係にある者を含むものとする」といった形で，退職金規程においてあらかじめ範囲を明確化しておくとよいと考えられます。

　なお，退職金規程の書きぶりにかかわらず，会社として他に退職金の受給を請求できる方がいないことが確認できる場合には，二重払いの危険が事実上存在しないのですから，任意に同性パートナーに対して退職金を支給するということも取扱いとしてあってよいと思います。また，

他の受給権を有する可能性のある人々全員から同意を得た上で同性パートナーを配偶者として取り扱い，退職金を支給することも考えられます。

　これらの取扱いの是非は，会社として負担する事実上ないし法律上の二重払いのリスクとの衡量の上で判断することになりますが，パートナー死亡後の生活困窮等の困難に直面し得ることは同性パートナーであっても異性パートナーであっても同じことですから，退職金規程の趣旨を実現するために可能な範囲で柔軟な対応を行うことが望まれます。

第7　下請・派遣

【性別適合手術を理由とする下請け解除の可否】

Q24　当社では，下請業者に，当社の建設現場での作業を担当してもらっています。ある個人の男性下請業者（いわゆる一人親方）との間で，これまで数年にわたり継続的に請負契約を締結しており，問題なく業務を提供してもらっていましたが，今般，当該下請業者が，性別適合手術をしたということで，女性のような外見で現場に出てくるようになりました。

　手術後も業務自体は問題なく提供してもらっていますが，現場の動揺を誘うおそれがあるので，事由の如何を問わず契約解除できる旨の請負契約上の解除条項に基づいて請負契約を解除したいと思うのですが，可能でしょうか。

A　継続的な取引関係が存在する場合，取引の基礎となる契約を解除するためには，信頼関係が破壊されたと客観的に認められるだけのやむを得ない事情が必要とされています。質問にあるような事情だけでは，そのようなやむを得ない事情を認めることは困難と思われます。

解説

1　一人親方との間の契約関係の解釈

（1）実質的に雇用契約と解釈される場合

　継続的な下請契約関係については，労働者性について総合的に勘案し

た結果，実質的には，雇用契約であるとして，当該下請業者を労働者（社員）として取り扱うべきとされる場合も珍しくはありません。

労働者に当たるかどうかについては，雇用契約，請負契約といった契約形式の如何にかかわらず，実質的な使用従属性を，労務提供の形態や報酬の労務対償性及びこれらに関連する諸要素をも勘案して総合的に判断するものとされています。具体的な判断基準としては，仕事の依頼・業務従事の指示等に対する諾否の自由の有無，業務遂行上の指揮監督の有無，勤務場所・時間に関する拘束の有無，代替性の有無，報酬の労務対償性，また，補強的な要素として事業者性の有無，専属性の程度といった事情が挙げられます(注1)。

労働者性が認められた場合，契約の解除は，実質的には労働者（社員）の解雇であるとして，労働契約法16条に基づき，客観的に合理的な理由を欠き，社会通念上相当と認められない場合には，無効とされることになります。

（2）継続的な契約関係における解除制限の法理

では，雇用契約と解釈されない場合には請負契約上の解除条項に基づいていつでも自由に解除できるのかというと，必ずしもそういうことではありません。

継続的な契約関係においては，契約が終了することによって相手方に大きな損害を生じさせることがありますので，一定の範囲で，契約の終了を主張される相手方を保護する必要があります。これは，典型的には，賃貸借契約について，借主側に賃料不払い等の債務不履行があったとしても，それだけでは足りず，信頼関係の破壊がない限り賃貸人は解除することはできない，というような形で判例法理として確立しているものです(注2)。

そして，賃貸借契約のみならず，継続的な下請・業務委託契約についても，受注継続のために相当の投資を行っている等，契約の継続に対する期待が下請業者・受託者側で非常に強い場合には，これを裏切ることを安易に認めることは不公平であるという見地から，信頼関係の破壊なき限り注文者・委託者による解除を信義則上認めないといった考え方が，

(注1) 昭和60年12月19日「労働基準法研究会報告（労働基準法の『労働者』の判断基準について）」。なお，一人親方の労働者性を否定した藤沢労基署長事件（最判平成19年6月28日集民224巻701号）も参照。
(注2) 最判昭和27年4月25日民集6巻4号451頁，最判昭和28年9月25日民集7巻9号979頁，最判昭和39年7月28日民集18巻6号1220頁

複数の下級審裁判例において採用されています[注3]。

2 ご質問のケースについての検討

（1） ご質問のケースでは，ある下請業者に継続的に業務を発注しており，これまで特段の問題なく業務を遂行してもらっていたが，その者が性別適合手術を受け，その時期以降女性のような外見で現場に出てくるようになったため，このことを理由として，それまで問題なく継続してきた下請契約を解除したいとのことです。

　この点，契約書の具体的な規定内容やご質問に表れた事情以外の諸事情も総合的に考慮しなければ，実質的に雇用契約に該当するかどうかや，継続的契約関係解除の法理が適用されるケースに該当するかの判断は困難ですが，上記1（1）に記載したような各事情を総合的に勘案して下請業者側に実質的に独立性が認められないような場合には労働者性が認められることもあるでしょう。また，それに至らずとも，当該契約の解除によって下請業者が多大な損害を蒙るような状況にある中で，下請業者が受注の継続のために相当の投資を行っている等，契約の継続に信頼を置いていたと客観的に認められるような場合には，上記の継続的契約関係解除の法理が適用される可能性もあります。

（2） それでは，ご質問のケースについて解雇制限法理や継続的契約関係解除の法理が適用される場合，ご質問にあるような事情のみをもって，解雇又は契約解除のための合理的な理由が認められることはあるでしょうか。

　この点については，下請業者側においてこれまで問題なく業務を提供してきており，また，性別適合手術を受けたとしてもその後も同様に業務遂行が可能と認められる状況がある以上，単に「現場の動揺を誘うおそれがある」といった理由のみで解雇を行うための合理的な理由や相当性を認めることは困難と思われますし，また，継続的な下請契約関係を解除するための信頼関係の破壊に係る事情についても同様に認め難いと考えられます。

（注3）東京地判昭和57年10月19日判時1076号72頁，名古屋地判昭和46年11月11日判タ274号280頁

ここで，当該下請業者の担当する業務の内容としては建設現場での作業ということですが，そのような現場作業においては安全性を最重視して業務遂行がなされるべきところ，外見の変化があったとしても，安全性への危惧が生じるような状況にはならないといえます。また，そのように安全性への影響が特段認められない状況であれば，現場の動揺といった事象が発生することも考えにくいと思われます。

　仮に，現場の動揺なるものが実際に生じたとしても，会社は，誤解や偏見等に基づく無用の動揺により現場の人間関係を含む作業環境が悪化し，それによって作業環境の安全性が少しでも失われるような事態を防ぐべき立場にありますので，作業担当者らに対して必要な説明を行うことによってそのような事態を解消すべきでしょう。

　こうしたことを踏まえると，ご質問のような事情があるのみでは，解雇をし，又は継続的契約上の解除権を行使するだけの事情は認められ難いと考えます。

【性自認を理由とする派遣交代の可否】

Q25 当社が契約している派遣事業者から派遣されてきた派遣労働者が、トランスジェンダーの方でした。
当社は、保守的な社風でもあり、こうした方が社員の中に混じって勤務されるとなると、現場の混乱が生じる可能性があるため、別の人を派遣してもらいたいと思っているのですが、そのような要請は可能でしょうか。

A 派遣先は、派遣会社の派遣する労働者を無条件で受け入れるのが原則です。厚生労働省の指針が性別による差別を禁止していることも踏まえれば、別の人を派遣してもらいたいという要請はできないものと考えるべきです。

解説

1 派遣労働者を特定する行為

労働者派遣事業の適正な運営の確保及び派遣労働者の保護等に関する法律（以下、「労働者派遣法」）26条6項は、「労働者派遣（紹介予定派遣を除く。）の役務の提供を受けようとする者は、労働者派遣契約の締結に際し、当該労働者派遣契約に基づく労働者派遣に係る派遣労働者を特定することを目的とする行為をしないように努めなければならない」と定め、派遣先が派遣受入れにあたり派遣労働者を選考したり特定したりする行為を、紹介予定派遣を受け入れる場合を除き、行わないよう求めています。

このような規定が存在する趣旨は、派遣労働者を採用・配置するのは、あくまでも雇用関係のある派遣元事業主の権限であるところ、もしも派遣先会社が、自らが受け入れる派遣労働者を特定するような行為を行え

ば，派遣先と派遣労働者の間に雇用契約関係に類似した関係が成立すると考えられる結果，職業安定法44条によって禁止されている「労働者供給事業」に該当してしまうおそれが生じる，というところにあります。

このような労働者派遣法の規定及びその趣旨に鑑みれば，派遣先の会社においては，派遣会社から派遣される派遣労働者を，そのまま無条件で受け入れるのが原則であるということになります。

なお，上記規定に関しては，厚生労働省による「派遣先の講ずべき措置に関する指針」（平成11年労働省告示第138号。以下，「厚労省指針」）第2．3においても，例えば，「若年者に限ることとすることなど派遣労働者を特定することを目的とする行為を行わないこと」とされているところです。

上記厚労省指針の記述からすれば，当然，「女性に限ることとする」「男性に限ることとする」といった派遣労働者を特定することを目的とする行為もできないことになり，それらと同様に，「トランスジェンダーでない人に限る」という要請についても，「派遣労働者を特定することを目的とする行為」として，派遣先事業主である会社がこれを行うことはできないことになります。

2　派遣労働者に対する差別的取扱い

加えて，厚労省指針は，第2．4．(1)において，「派遣先は，派遣元事業主との間で労働者派遣契約を締結するに当たっては，当該労働者派遣契約に派遣労働者の性別を記載してはならないこと」としており，派遣労働者の性別によって差別を設けることを端的に禁じています。

これは，労働者派遣法27条において，「労働者派遣の役務の提供を受ける者は，派遣労働者の国籍，信条，性別，社会的身分，派遣労働者が労働組合の正当な行為をしたこと等を理由として，労働者派遣契約を解除してはならない」と規定されている趣旨に即したものと考えられますが，このような労働者派遣法の規定の趣旨及び上記厚労省指針の記述からしても，トランスジェンダーである派遣労働者について，そのことのみを理由として労働者派遣契約を解除するような差別的取扱いをすることは認められないことになります[注1]。

(注1) トランスジェンダーであることを理由とする差別を「性別」による差別であるとみるのか，そうではなく，例えば「社会的身分」による差別であるとみるのかについては意見が分かれるところかもしれません。ただ，いずれにせよ，労働者派遣法上，トランスジェンダーであるという事由に基づく差別的取扱いが禁止されることについては，争いのないところと考えます。

3 結論

　以上より，ご質問にあるような要請は，労働者派遣法及び厚労省指針に照らし，認められません。

第8 相談窓口

【社内に相談窓口を設けるにあたって】

Q26 セクシュアル・マイノリティである社員にとって働きやすい職場づくりのために，個別的な相談に対応する窓口を設けたいと思っています。どのように進めればよいでしょうか。

A まず，相談担当社員にしっかりと研修を行い，守秘義務の遵守を徹底させることが必要不可欠です。その上で，相談窓口を設けたことを周知することになります。守秘義務を負担する外部の支援団体や法律事務所に相談担当業務を委嘱することも一考に値するでしょう。

解 説

1 相談窓口の意義

　セクシュアル・マイノリティである社員においては，必ずしも十分な理解があるとは限らない職場環境での就業によりメンタルヘルスの問題を抱えていることがあると思われますし，また，そこまでの状況にない社員においても，会社側の対応や職場環境について不安や不満を有している可能性が考えられます。

　こうした社員らの意向確認，職場環境の改善及び各社員の権利擁護という見地からは，会社においてセクシュアル・マイノリティである社員のための相談窓口を設けることが，積極的に検討されるべきでしょう。このような相談窓口を設けること自体が，セクシュアル・マイノリティに対する会社の姿勢を示すこととなり，セクシュアル・マイノリティである社員らに対しての間接的なサポートとなる効果も期待できます。

2　相談窓口の実際の運用方法

　相談窓口における実際の相談業務については，直接面談する方法もあり得るでしょうが，そのような相談方法に抵抗を感じる社員もいると思われるので，例えば個人の携帯電話からの受電や，フリーメールといった匿名の形式による相談受け付けも検討されてよいでしょう。

　また，いうまでもなく，社員側に周知がなされなければ利用されることもありませんから，社内の掲示板やイントラネットその他のツールを用いて周知することになります。

3　相談窓口担当社員の研修

　せっかく相談窓口を設けてみても，相談担当社員の不適切な発言によって相談者である社員を傷つけてしまったり，相談の目的を全く達成できないような対応しかできなかったりすると，逆効果ともなり得ます。

　また，相談担当社員が相談をした社員の性的指向や性自認に関する悩みを不用意に口外したりすれば，情報流出という最悪の事態ともなりかねません。

　したがって，相談を担当する社員に対しては，セクシュアル・マイノリティの基礎知識や取り扱う情報の機密性に関して十分な研修を実施することが必要不可欠です。その中では，特に守秘義務について，特定の社員の性的指向や性自認について，社内外を問わず絶対に口外しないこと（上司への報告においても匿名を用いる等すること），また，具体的な情報の記載された文書を机上に放置したり社外に持ち出したりしないことを徹底させることが肝要です。

4　外部機関の利用

　社内に相談窓口を設けることは大変に意義があることですが，社内において自らの性的指向や性自認についてカミングアウトしていない社員にとっては，社内の誰かに対して悩みを吐露することは難しいことが少なくないと思われます。

　この見地からは，守秘義務を負担する外部の支援団体や法律事務所に相談担当業務を委嘱することも検討されてよいでしょう。

第4章

業界Q&A

第1 保険

【保険受取人を同性パートナーに変更することの可否】

Q1 当社（保険会社）における生命保険契約の約款では，死亡保険金の受取人の指定にあたって受取人を配偶者又は二親等内の親族に限定しているところ，ある保険契約者から，死亡保険金の受取人を同性パートナーの方に変更したいとの申出がありました。

確かに，当社の生命保険契約の約款では死亡保険受取人の変更権を保険契約者に留保する旨の規定になっていますが，かかる申出を認める必要はありますか。

A 約款で定めた契約時の受取人の範囲に属さない者であっても，変更に関して同様に範囲を限定する約款の定めがない限り，受取人変更を認める必要があります。

解説

1 受取人の変更にかかる保険法上の定め

生命保険の受取人名義の変更については，保険法上，保険者（保険会社）への意思表示によって効力が生じるとされています（保険法43条2項）。生命保険契約は一般に長期にわたるものであり，契約締結当初の事情が変わり指定した保険金受取人を別の者に変更する必要性も生じることから，実務においても約款で保険金受取人の変更を認めているのが通例です[注1]。そのため，保険金受取人の変更ができない旨の約款上の規定がない限り，受取人を同性パートナーに変更する旨の意思表示がなされれば，保険金受取人の変更の効力が生じることになります（同法

(注1) 金澤理監修『新保険法と保険契約法理の新たな展開』253頁（ぎょうせい，初版，2009），大串淳子編『解説保険法』143頁（弘文堂，初版，2008）

43条2項及び3項)。

　以上より、ご質問のケースにおいても、同性パートナーは、約款で定めた契約時の受取人の範囲に属さないものの、変更に関して同様に範囲を限定する約款の定めがない限り、同性パートナーへの受取人変更を認める必要があります。

　なお、受取人の変更の効力の発生には被保険者の同意が必要とされていますので(同法45条)、保険契約者と被保険者が同一人でない場合は、この点に留意する必要があります。また、受取人の変更は遺言によっても可能ですが(同法44条1項)、遺言の場合、遺言者の死亡後に相続人が遺言内容を保険会社に伝えることが保険会社への対抗要件とされています(同条2項)。

2　遺言での受取人変更に関する裁判例

　ご質問にあるような死亡保険金の受取人の範囲を限定することには、保険詐欺等のモラルリスク回避の観点から一定の合理性があるため、保険金受取人を親族以外の者に変更するつもりで、はじめは保険金受取人を親族に指定しておき、遺言で受取人を親族以外の者に変更した事案において、保険契約締結は契約者の欺罔行為によるものとして、契約を無効とした裁判例があります(注2)。

　同裁判例は、死亡保険金受取人が被保険者の二親等内の親族であるか否かは、保険会社において生命保険契約の申込みを承諾するか否かの判断にあたり重要な判断要素とされていること及び亡契約者は死亡保険金受取人が被保険者の親族か否かが保険会社にとって重要な要素であることを認識していたはずであることからすれば、信義則上、遺言で受取人を親族以外の者に変更した時点でその旨を保険会社に伝えるべき義務があるとしました。その上で、同裁判例は、同義務を負っている亡契約者が遺言の存在を知らせると当該生命保険契約の申込みを拒絶されると予期した上で遺言の作成の事実を伝えなかったと認められることから、亡契約者は、死亡保険受取人の遺言による再指定の事実について保険会社を欺罔して当該生命保険契約の申込みを承諾させたとして、当該生命保険契約は無効であると判示したものです。

(注2) 東京高判平成17年6月2日生命保険判例集17巻419頁

同裁判例の考え方をそのまま前提とすると，ご質問のケースにおいても，当初から保険会社を欺罔する意図で，同性パートナー以外の者を受取人として保険契約を締結し，その後すぐに同性パートナーを受取人に変更したというような事情がある場合には，亡契約者が保険会社を欺罔して当該生命保険契約の申込みを承諾させたものとして，保険契約が無効になるという結論となることも考えられます(注3)。

　しかし，そのような事情がないにもかかわらず，同性パートナーへの変更ということをもって変更を拒むことは許されません。

3　企業取組例

　複数の保険会社が，保険金受取人に同性パートナーを指定できるよう取扱いを拡大しています。その中でも，例えば，日本生命保険相互会社は，自治体が発行したパートナーシップ証明書の有無にかかわらず，同居実態や戸籍上の配偶者の有無，被保険者と受取人の関係等を確認の上，同性パートナーの指定を可能としています。

(注3) ただし，上記裁判例は2010年4月1日の保険法施行前の事案であることから，遺言による受取人の変更を定めた保険法44条が存在する現在でもなお前記東京高判の考えがそのまま妥当するかについては一考を要すると思います。

第2 介護施設

【同性パートナーを身元引受人とする介護施設入所申込みの可否】

Q2　当社は全国的に老人介護施設を展開している民間会社ですが、ある入居希望者から、同性パートナーを介護施設入所時の身元引受人とする申込みがありました。入居希望者によれば、親族とは疎遠であり、当該同性パートナー以外に身元引受人となってくれる人はいないとのことです。

当社の入居規則において身元引受人は親族に限ると規定しているところ、この同性パートナーの方は入所希望者の親族ではないことから、入居申込みをお断りしようと考えていますが、問題ないでしょうか。

A　施設入所に関する契約を誰と締結するかは、基本的に施設側の自由に属する事柄ですが、一般的にいって身元引受人が同性パートナーである場合に入所を拒否する必要性があるとは必ずしもいえず、安易な拒絶は訴訟ないし行政への苦情等のリスクにつながります。

対応にあたっては、規則を盾に取った硬直的な対応ではなく、実態に応じた柔軟な対応を行うことが望まれます。

解　説

1　契約締結の自由とその限界

ある契約を誰と締結するかについては、当事者の自由な判断に委ねるとするのが法の建前であり、自己の意思に反する契約の締結を強制され

ない自由は誰しもに認められるものです。このような考え方の下では，施設側が入居申込者や身元引受人に係る特定の属性に着目し，入所の可否を検討すること自体は，それが社会通念上合理的といえる範囲にとどまるものである限り，直ちに違法の評価を受けるものではないと考えられます。

しかし，国家の基本法たる憲法14条1項では，「すべて国民は，法の下に平等であ」る旨が規定されており，不合理な差別は禁止されています。また，私人や私的団体相互間においても，平等の利益は保護されます(注1)。

したがって，介護施設の契約拒否においても，その拒否が差別的な取扱いであると評価されるような場合には，当該契約拒否が違法であるとして，契約を拒否された者に対して慰謝料等の損害賠償責任を負う可能性があります（民法709条，710条）。

2 ご質問のケースについての検討

介護施設入所時においては，身元引受人や保証人を求めることが一般的ですが，これらを求める趣旨は，主に，費用の支払の保証及び事故や病気の際における緊急連絡先の確保という点にあると考えられます。

このような趣旨に鑑みれば，必ずしも身元引受人を法律上の親族に限る必要はなく，同性パートナーであっても，入所者の費用の支払及び緊急連絡先の確保という点で支障がないのであれば，施設側において，同性パートナーを身元引受人等とすることを拒否する合理的な理由はないともいえます。同性パートナーが親族ではないことから，当該同性パートナーと入居者との関係性が戸籍上は確認できず，この点を施設側が不安だと感じるのであれば，住民票の提出要請や面談を行い，同居期間の長さや，戸籍上の配偶者の有無を確認する等の方法をとることもできるでしょう(注2)。

ご質問のケースについてみますと，確かに，施設側は契約締結の自由を有するものの，他方で，契約締結拒絶に関して施設側に必ずしも合理的な理由が存在しないこと，入居申込者側で身元引受人候補者としては当該同性パートナーしか用意することができないこと，当該同性パート

(注1) 三菱樹脂本採用拒否事件（最大判昭和48年12月12日民集27巻11号1536頁）
(注2) なお，事実婚のパートナーが異性であるか同性であるかによって資料提出の負担が異なることに合理的な理由は見当たりませんので，同性パートナーの場合であっても，事実婚の異性パートナーと概ね同等の負担感をもって準備できる資料をもって確認資料とするのが妥当であると考えます。

ナーとの間では法律上婚姻関係を有して「親族」になることが現行法上不可能であること等を踏まえると、契約の拒絶自体が不合理な差別として違法性を有するものとして、不法行為に該当する可能性は否定できません。

この点、参考になる裁判例として、賃貸マンションの所有者が、入居予定者が日本国籍を有していなかったことを理由として賃貸借契約の締結を拒絶したことにつき、入居予定者に対する不法行為責任を認めた事案があります。この裁判例では、「本件賃貸借契約は、原告を入居者として予定していたのであり、その原告が日本国籍ではないことを理由に、被告が本件物件を原告会社に賃貸しないこととしたのであるから、被告は、原告に対し、不法行為に基づき、原告の損害を賠償する責任を負うものというべきである」と判断しています[注3]。

以上からすれば、施設側が硬直的な取扱いによって申込みを拒絶した場合の法的なリスクとしては、施設側の対応が不合理な理由に基づく差別的対応であるとして、精神的損害について損害賠償請求を受けることが考えられます（民法709条、710条）。

また、上記のような賠償請求のほかにも、入所を拒否された入居申込者が、消費生活センター等の行政機関に対して苦情を申し入れることもあり得るでしょう。

ご質問のケースにおいても、こうした法律上・事実上のリスクを踏まえるのであれば、その対応にあたっては、規則を盾に取った硬直的な対応ではなく、柔軟な対応を行うことが望まれます。

(注3) 京都地判平成19年10月2日裁判所ホームページ裁判例情報掲載

第3 葬 儀

【同性パートナーに対する遺骨引渡しの可否】

Q3
当社（葬儀社）においては，つい先日亡くなられたＸの葬儀を執り行う予定であるところ，Ｘの同性パートナーであるＹより，「今回の葬儀については，経済的な理由からＸの父親Ｚが喪主をしているが，Ｘの遺言書ではパートナーである私が祭祀主宰者に指定されている。そのため，葬儀が終わった後にＸの遺骨を渡して欲しい」との要請を受けました。そこで，これを喪主であるＺに確認したところ，「遺言書では私が喪主に指定されている。葬儀費用を支出しているのは喪主である私である以上，遺骨は私に渡して欲しい」との回答を受けました。

当社で確認したところ，確かにＸ作成の遺言書には，Ｙを祭祀主宰者にする旨と共に，Ｚを喪主とする旨の記載がありました。

葬儀を執り行った後，当社は，ＹとＺいずれに遺骨を引き渡すべきなのでしょうか。

A
判例上，遺骨の所有権は祭祀主宰者に帰属するとされていますので，Ｘが遺言書で祭祀主宰者をＹに指定している以上，遺骨の所有権はＹに帰属することになります。よって，御社としては，遺骨をＺではなくＹに引き渡す必要があります。

解　説

1　遺骨の所有権の帰属

遺骨の所有権については，相続によって相続人に承継されるとする説や喪主に原始的に帰属するとする説などがありますが，判例上，遺骨は祭祀を主宰すべき者（以下，「祭祀主宰者」）に帰属するとされています[注1]。

2　祭祀主宰者

祭祀主宰者とは，先祖の祭祀のための財産，例えば，系譜（家系図等），祭具（位牌，仏壇仏具，神棚，十字架等），墳墓（遺体や遺骨を葬っている設備等）を管理する者のことをいいます。この祭祀主宰者は，①被相続人の指定，②指定がない場合には慣習，③慣習が明らかでない場合には家庭裁判所の審判で決まります（民法897条）。

このように，祭祀主宰者の指定においては，被相続人の指定が優先するところ，相続人ではない内縁配偶者や共同生活のパートナーを指定することもできるとされており[注2]，これらと同性パートナーを別異に扱う合理的理由はないことから，同性パートナーを祭祀主宰者に指定することも当然可能と考えられます。

また，被相続人による指定の方法に制限はありません。生前行為でも遺言でもよく，書面，口頭，明示，黙示を問わず，いかなる方法による指定でも，指定の意思が外部から推認されるものであればよいとされています[注2]。

3　喪　主

葬儀には様々な類型のものが存在しますが，いずれの葬儀を採用するにせよ，通常は「喪主」が存在します。ここでいう喪主とは，葬儀（葬式）の主宰者を意味します。

誰が喪主になるかについては，法律で定められているわけではなく，死者が生前に口頭又は書面で喪主を決めていたときは，それに従うべきであると考えられています[注3]。

(注1) 最判平成元年7月18日家月41巻10号128頁
(注2) 二宮周平『家族法』312頁（新世社，第3版，2011）
(注3) 梶村太市『裁判例からみた祭祀承継の審判・訴訟の実務』11頁（日本加除出版，初版，2015）

また、喪主を誰にするかは遺言事項ではないため、仮に遺言書で書かれていてもそれに法的拘束力はないものの、死者の意向が明確にされている以上、特段の事情がない限りそれを尊重するべきであるとされています[注4]。

4　ご質問のケースについての検討

ご質問のケースの場合、X作成の遺言書にYを祭祀主宰者とする旨の記載があることからすると、被相続人による祭祀主宰者の指定があることになりますので、上記1記載のとおり、最高裁判例によれば、遺骨の所有権は、祭祀主宰者であるYに帰属することになります。そのため、法的には、Yが遺骨の所有権者ということになりますので、御社は、Yに対してXの遺骨を引き渡す必要があります。

親族側としては、故人から同性パートナーの存在をそれまで知らされていなかった場合など特に、遺骨の引渡しに関して心情的に直ちには受け入れられないということがあるかもしれませんが、故人を悼む場が争いの場になってしまうことは避けたいところです。御社としては、法的に遺骨の所有権は祭祀主宰者に帰属することになることを喪主（Z）側に説明することで、理解を促すことになるかと思います[注5]。

(注4) 梶村太市『裁判例からみた祭祀承継の審判・訴訟の実務』12頁（日本加除出版、初版、2015）
(注5) 近時報道された同性パートナーと葬儀に関する訴訟事例として、ある男性が、40年以上同棲した同性パートナーである男性が死亡した際に、当該パートナーの親族から火葬場への同行を拒否されるなどの不当な扱いを受けたとして、親族に対し、慰謝料700万円の支払等を求めて大阪地裁に提訴したというものがあります（産経新聞2018年4月26日記事）。

第4 結婚式場

【同性カップルであることを理由とする結婚式拒絶の可否】

Q4
　当社（結婚式場）は，あるカップルから人前式での結婚式の申込みを受け，結婚式の日程を決定し，当社の式場及び披露宴会場にて結婚式及び結婚披露宴を開催することを応諾していました。しかし，式の段取りの打ち合わせをしていくうちに，実は，同カップルのうち当社が新郎と認識していた方が，戸籍上の性別と生物学上の性別は女性であるものの自認する性別は男性という方であり，戸籍上は女性同士のカップルであることが発覚しました。

　当社としては，法律上認められない戸籍上同性同士の結婚式を執り行うことはいかがなものかと考えており，異性カップルでないことを知っていたのであれば，結婚式場契約を結ぶことはありませんでした。

　契約書上当社の解約権を留保する旨の規定はないものの，当社としては結婚式等の開催を断りたいと考えているのですが，可能でしょうか。

A
　同カップルとの間での結婚式場契約は成立しており，また，錯誤無効や詐欺取消しの主張が認められる可能性も低いため，結婚式等の開催を断ることによって同カップルから債務不履行責任を追及される可能性が高いと考えられます。

解説

1 結婚式場契約の成立

　結婚式・披露宴にまつわるサービス等を提供する契約（以下，「結婚式場契約」）は，所定の日時に飲食物を製造し提供するという請負契約，結婚式・披露宴の披露宴の運営補助という労務提供契約，これに伴う会場の貸与という施設利用契約という三つの性質を併せ持つ複合的な契約と解されています(注1)。

　そして，同契約が成立したといえるためには，裁判例上，「契約内容の全てが確定している必要はなく，契約の重要部分が確定していれば契約は有効に成立すると解するのが相当であるところ，結婚式及び結婚披露宴を開催する契約は，特定の日時及び会場において，結婚式という儀式及び結婚の披露宴を開催するというサービスを提供することが，その契約の重要な部分であると解すべきである」とし，「料理，引き出物その他サービスの詳細及び対価が確定していないとしても，それだけで契約が不成立ないし無効であるということはできない」と判示されています(注2)。

　したがって，特定の日時及び会場で結婚式・披露宴サービスを提供するとの合意があるのであれば，そのことによって結婚式場契約は成立しているものと考えられます。

2 錯誤無効及び詐欺取消し

(1) 錯誤無効

　民法上，「意思表示は，法律行為の要素に錯誤があったときは，無効とする」（民法95条）と規定されており，法律行為の「要素」に錯誤があるといえる場合には当該契約は無効となります。

　ここでいう「要素」の錯誤といえるためには，その錯誤がなかったら当該意思表示をしなかったであろうといえるのみでなく，通常人であっても同様であろうといえることが必要となります(注3)。

　また，判例上は，意思表示の動機に錯誤がある場合，その動機が相手方に明示的ないし黙示的に表示されていた場合に限り，錯誤無効が認め

(注1) 池本誠司『パーティー予約の解除と損害賠償特約の効力』国民生活研究43巻2号53頁
(注2) 東京地判平成17年9月9日判時1948号96頁
(注3) 大判大正7年10月3日民録24輯1852頁

られています(注4)。

（2）詐欺取消し

また，民法上，「詐欺……による意思表示は，取り消すことができる」（民法96条1項）と規定されているところ，ここでいう「詐欺……による意思表示」とは，表意者が他人の欺罔行為により錯誤に陥ってなした意思表示を意味すると解されています。そして，「詐欺……による意思表示」であるといえるためには，①詐欺者に故意があること，②詐欺者による違法な欺罔行為があること，③詐欺者による違法な欺罔行為によって表意者が錯誤に陥ったこと及び④表意者が錯誤によって意思表示をしたことが必要となります(注5)。

3 ご質問のケースについての検討

（1） 上記1記載の内容を踏まえると，仮に御社と同カップルとの間で未だ料理の内容や引き出物の内容等サービスの詳細や結婚式費用が確定していない段階であったとしても，結婚式場契約における重要な部分である，特定の日時及び会場において結婚式という儀式及び結婚の披露宴を開催するというサービスを提供することについて合意がなされていますので，御社と同カップルとの間では結婚式場契約が成立していることになります。

（2） 一方，御社としては，結婚式場契約が成立しているとしても錯誤により無効であるとか，詐欺取消しの主張をすることが考えられます。

しかし，戸籍上異性同士のカップルであり法律婚が可能であると考えていたから結婚式契約を成立させたという点は，動機において錯誤があるかどうかを問題とすべきものであるところ，ご質問のケースにおいて御社において予めかかる動機を明示していたわけではありません。また，法律上婚姻することができない同性カップルにおいても結婚式を執り行うことがあることは，近時，報道等によっても見聞きするところである以上，およそ同性カップルにおいては

(注4) 最判昭和45年5月29日判時598号55頁
(注5) 川島武宜・平井宜雄編『新版注釈民法（3）総則（3）』470〜477頁（有斐閣，初版，2003）

結婚式場契約を締結できないのが普通であるという社会通念があるとまでは言い得ないことから，かかる動機を結婚式場会社として黙示的に示していたとも言い難いように思います。

　加えて，そもそも法律行為の「要素」に錯誤がなければ契約は錯誤無効とはなりません。確かに，同性婚については，宗教によってはこれを認めないとの考え方もあることは事実ですし，そのような宗教的な理由によらずとも，ご質問のケースのように，法律婚を前提とした結婚式でなければそもそも開催できないという考え方を有している結婚式場会社も現実にはあるのだろうと思います。

　しかし，ご質問のケースのカップルは，人前式での結婚式を選択しており，このことは，上記宗教との関連性について配慮をした上での選択であると思われます。また，結婚式業務を遂行する上で，同性カップルであるからといって重大な業務上の支障が想定されるとも言い難いと思われます。

　その意味で，戸籍上同性同士のカップルであったという事実は，ご質問のケースを前提とする限り，仮にこれを知り得たとしても，一般の結婚式場会社において契約締結を拒むほどの事情であるとはいえませんので，法律行為の「要素」の錯誤であるということもできないと思われます。

(3)　上記のとおり，戸籍上同性同士のカップルであったという事実が，仮にこれを知り得たとしても一般の結婚式場会社において契約締結を拒むほどの事情ではないことを踏まえると，同カップル側から御社に対して契約締結時点に明示的な説明を行わなかったことが御社に対する信義則上の義務に違反するといった解釈も成り立ち得ないものと考えられ，したがってかかる契約締結行為又は説明を行わなかったという不作為をもって詐欺行為にあたるということもできないと思われます。

(4)　以上のことからすれば，結婚式場契約は有効に成立しており，錯誤無効になるとも詐欺取消しが可能であるとも言い難いため，御社

がこれを断った場合には,同カップルより結婚式場契約上の債務不履行責任(民法415条)を追及される可能性が高いと考えられます。

4 企業取組例

株式会社ジェイアール西日本ホテル開発は,運営する「ホテルグランヴィア京都」において,セクシュアル・マイノリティ向けの仏前結婚式のプランを用意しています。

また,株式会社マイナビが運営するマイナビウェディングでは,LGBTウエディング(同性同士の結婚式など)コンシェルジュ研修を受講したサロンスタッフが結婚式場選びなどをサポートしています。

第5 ゴルフクラブ

【トランスジェンダーであることを理由とするゴルフクラブ入会申込拒絶の可否】

Q5 当社は，会員制のゴルフクラブを運営しています。この度，トランスジェンダーの方から，当ゴルフクラブの会員になりたいとの申込みを受けましたが，そのような方を会員として迎えることに抵抗があります。
　入会申込みをお断りしたいと考えていますが，法的に問題はありますか。

A 誰を会員として受け入れるかはクラブの判断で自由に決定できるのが原則です。しかし，合理的な理由なく差別的取扱いをすることは許されず，他の会員の利用との調整を含む施設管理上の問題が解決できない等，入会を認めることによるクラブ側の業務上の支障が大きい場合を除いては，入会拒否による精神的損害に係る損害賠償責任を負う可能性があります。

解説

1　契約締結の自由とその限界

　会員制ゴルフクラブは私的な団体であり，誰を会員として受け入れるかは自由にこれを判断できるのが大原則です。

　しかし，国家の基本法たる憲法14条1項では，「すべて国民は，法の下に平等であ」る旨が規定されており，不合理な差別は禁止されています。また，私人や私的団体相互間においても，平等の利益は保護されます(注1)。

　　(注1) 三菱樹脂本採用拒否事件（最大判昭和48年12月12日民集27巻11号1536頁）

したがって，ゴルフクラブの入会拒否においても，その拒否が差別的な取扱いであると評価されるような場合には，当該入会拒否が違法であるとして，入会を拒否された申込者に対してその精神的損害に係る損害賠償責任を負う可能性があります（民法709条，710条）。

2　参考事例

ご質問のケースの参考事例として，性同一性障害により戸籍上の性別を男性から女性に変更したことを理由に会員制ゴルフクラブへの入会を拒否されたとして，入会を拒否された女性が同ゴルフ場を経営する会社と運営するクラブに対して慰謝料の損害賠償を請求したという事案に対する裁判例があります(注2)。

この事案では，クラブ側は，入会を認めた場合には，既存会員（特に女性）に強い不安感や困惑が生じ，クラブの運営に支障が生じるおそれがあると主張しましたが，裁判所は，「入会拒否時点において，原告（筆者注：入会を拒否された女性）……は戸籍のみならず声や外性器を含めた外見も女性であったこと……，原告……が本件ゴルフ場を含めたゴルフ場その他の場所において女性用の施設を利用した際，特段の混乱等は生じていないこと……からすれば，原告……が本件ゴルフ場を利用することによって，被告ら（筆者注：クラブ側）が危惧するような事態が生じるとは考え難い」としてその主張を認めませんでした。

そして，裁判所は，

①性自認は，本人の意思に基づいて決定されるものではなく，生物学的性と性別に関する自己意識が一致しない疾患として性同一性障害が医学的にも承認されていること
②平成15年7月には，性同一性障害を有する方が社会生活上様々な問題を抱えている状況に鑑み，その治療効果を高め，社会的な不利益を解消することを趣旨とする性同一性障害者の性別の取扱いの特例に関する法律が成立し，平成16年7月から施行されていること
③法務省人権擁護機関では，「性自認を理由とする偏見や差別をなくそう」を啓発活動の強調事項としていること

(注2)　静岡地浜松支判平成26年9月8日判時2259号144頁

④平成25年6月には、全ての国民が障害の有無によって分け隔てられることなく、相互に人格と個性を尊重し合いながら共生する社会の実現に向け、障害を理由とする差別の解消を推進することを目的として、障害を理由とする差別の解消の推進に関する法律（障害者差別解消法）が制定され、同法では、国民は、障害を理由とする差別の解消の推進に寄与するよう努めるべきこととされるとともに（4条）、事業者においても、その事業を行うに当たり、障害を理由として障害者でないものと不当な差別的取扱いをすることにより障害者の権利利益を侵害してはならないとされていること（8条）

等を指摘した上で、入会拒否によって申込みをした女性が受けた不利益について、「……本件ゴルフ場を正会員料金で利用し、あるいは競技会等に参加するなどといった経済的利益の実現を妨げるのと同時に、医学的疾患である性同一性障害を自認したうえで、ホルモン治療や性別適合手術という医学的にも承認された方法によって、自らの意思によっては如何ともし難い疾患によって生じた生物的な性別と性別の自己意識の不一致を治療することで、性別に関する自己意識を身体的にも社会的にも実現してきたという原告……の人格の根幹部分をまさに否定したものにほかならない」として、入会拒否を、「憲法14条1項及び国連人権規約26条の規定の趣旨に照らし、社会的に許容しうる限度を超えるものとして違法」と判断しました（控訴審である東京高裁もその結論を支持しています）[注3]。

この裁判例は、問題となっている入会拒否につき、社会情勢を踏まえて、入会拒否の理由の合理性や入会拒否によって生じる申込者の不利益等を総合的に考慮し、問題となっている入会拒否が「社会的に許容される限度を超えるもの」であるかを判断しています[注4]。

したがって、ご質問のケースについても、クラブ側の事情と入会拒否によって申込者が受ける不利益等の事情を考慮して、「社会的に許容される限度を超えるもの」であるかどうかを判断する必要があると考えられます。

(注3) 東京高判平成27年7月1日
(注4) なお、この裁判例の類似事案である在日外国人のゴルフクラブへの入会拒否について判断した裁判例も、当該入会拒否が違法となるのは、「社会的に許容し得る限界を超える」ような場合に限られると判断しています（東京高判平成14年1月23日判時1773号34頁）。

3　ご質問のケースについての検討

以上を踏まえ，ご質問のケースについて，以下の3つの場合に分けて検討します。

(1) 戸籍上の性別変更が行われている場合

まず，上記の裁判例と同様に，戸籍上の性別を変更した人について検討すると，クラブ側の入会拒否として考えられる理由としては，他の会員の利用との調整を含む施設管理上の問題（以下，「利用調整」）ということになろうかと思われます。

すなわち，ゴルフ場では更衣室や浴室・シャワールームが存在することが通常であり，また，利用上不可欠であるということができますが，一般的にいえば，これらの更衣室等については，生物学的性別に応じた利用が想定されていると思われます。そこで，戸籍上の性別を変更したといっても，生物学的性別が異なる以上，他の利用者との関係で，更衣室等の利用に関してトラブルが生じ得ることは否定できないという理由に基づき，クラブ側が入会を拒否することが考えられます。

しかし，性自認が本人の選択によるものではなく，入会拒否によって生じる不利益は人格の根幹部分の否定にも至り得るのですから（上記裁判例参照），クラブ側においては，入会を拒否することでしか利用調整をすることができないといえる程度の事情があってはじめて，入会拒否が社会的に許容される範囲内となると考えるべきです。

ここで，戸籍上の性別を変更している場合には本人の外性器は手術済みであることからすれば（性同一性障害者の性別の取扱いの特例に関する法律3条1項5号），他の利用者との間で深刻なトラブルが生じることはもともと考えにくいといえます。また，仮に，既存会員から，戸籍上の性別を変更したトランスジェンダーの人と同じ更衣室等を利用したくないという意見が出たとしても，それは抽象的かつ理由のない危惧や，更には単なる差別感情に基づくものであるといえ，これらについては，クラブ側から会員に対して理解を求めることによって解消されるべきでしょう。

したがって，上記の場合には，利用調整が，入会を拒否することでし

か解決し得ない問題であるとはいえないと考えられます。

　よって，戸籍上の性別を変更した人が戸籍上の性別での入会申込みをした場合に，クラブ側がその入会を拒否することは原則として違法であり，入会拒否をした場合には，クラブ側は，当該申込者の精神的損害に係る損害賠償責任を負う可能性が高いと考えられます。

（2）外性器の手術は行われているものの戸籍上の性別変更は行われていない場合

　この場合でも，基本的な問題点は上記（1）と同様であり，クラブ側として，戸籍上の性別と施設利用上の性別の同一性を求める合理的な理由は見出し難いと考えます。

　既述のとおり，外性器の手術が完了している場合には，他の利用者との間で深刻なトラブルが生じることは考えにくく，こうした場合に反対意見が他の会員から出たとしても，申込者の利益よりも優先されるべきとは考えられません。

　したがって，戸籍上の性別を変更していないものの外性器の手術を完了している人が自認する性別で入会申込みをした場合にも，当該入会申込みの拒否は違法であるとして，クラブ側は当該申込者の精神的損害に係る損害賠償責任を負う可能性が高いと考えられます。

（3）外性器の手術も戸籍上の性別変更も行われていない場合

　以上に対し，外性器の手術も戸籍上の性別変更も行われていない場合には，更衣室等についての利用調整が，外性器の手術を行っている場合と比較して難しくなるものと思われます。

　ただ，性自認が本人の選択によるものではなく，入会拒否によって生じる不利益は人格の根幹部分の否定にも至り得ることを踏まえれば，外性器手術がなされていないことをもって直ちに入会拒否が認められるとするのは妥当でないと考えます。

　すなわち，生物学的性別と自認する性別が一致しない人が自認する性別に基づいて社会生活を送るという利益は，個人の人格に直結する利益と考えられるところ，入会拒否は，まさにその利益を与えないことを意

味します。そうであれば，クラブ側においても，申込者が受けるその不利益に相応する事情及び十分な配慮があってはじめて，入会拒否が適法になり得るものと考えるべきです。

　この見地からは，入会申込みを受けたクラブ側において，申込者の希望を最大限実現すべく配慮・検討する義務があるというべきでしょう。そして，そのような配慮・検討を経てもなお，利用調整が不可能であったという場合を除いては，入会申込みを拒否することは違法になる可能性があります。

　具体的には，クラブ側において，申込者から診断書を徴収する等した上で，他の利用者との関係で調整し得る代替手段がないかを真摯に検討し（利用時間・場所の配慮により利用調整するほか，性別を問わずに利用できる更衣室等を設置するなど），必要に応じて既存会員からの意見聴取等も行った上，それでもなお利用調整が現実的に不可能であったという場合に関する限り，入会申込みを拒否することはやむを得ないといえるかと思います。

　しかし，そのような真摯な検討・協議を行わずに短絡的に行われた入会拒否については，やはり，クラブ側として，入会拒否により生じる当該申込者の精神的損害に係る損害賠償義務を負う場合があると考えます。

第6　フィットネスクラブ

【自認する性別に基づくフィットネスクラブ更衣室等利用の可否】

Q6　当社は，会員制のフィットネスクラブを運営しています。

既に男性として会員登録してクラブを利用してきた方から，「自分は性同一性障害で自認する性別は女性であるので，今後は女性会員として女性更衣室等を利用させてほしい」との申出がありましたが，このような申出を受けることは難しいと考えています。

当該申出を拒否することについて法的な問題はありますか。

A　他の会員の利用との調整を含む施設管理上の問題から申出の拒否がやむを得ないという場合を除き，申出の拒否について当該会員に生じた精神的損害に係る損害賠償責任を負う可能性があります。

解説

1　申出を拒絶することの問題点

（1）　フィットネスクラブに入会済みの会員は，クラブとの間で，会費を支払う代わりに施設を使用することができるという契約を締結しているという関係にあります。

これを性別という観点から見れば，男女別の更衣室やシャワールーム等の利用が当然想定されているフィットネスクラブにおいては，各会員は，クラブとの間で，入会申込時にクラブが承認した性別に従って施設を利用する内容の契約を締結しているものと解されます。

そして、上記のような契約解釈に依拠する限り、クラブは、今回のような申出を受け入れる義務はないと解されることになりましょう。

（2）　しかし、これまで、裁判所は、性同一性障害により戸籍上の性別を男性から女性に変更したことを理由に会員制ゴルフクラブへの入会を拒否されたとして同ゴルフ場を経営する会社と運営するクラブに対して入会を拒否された女性が慰謝料の損害賠償を請求した事案において、具体的な契約関係にない当事者間であっても、入会申込みを受けたゴルフクラブによる当該入会拒否が「社会的に許容される限度を超えるもの」である場合には違法である旨判断しています(注1)。

そして、このような考え方、特に、上記裁判例が基礎としている「性同一性障害が本人の意思に関わりなく生じるもの」であり、「入会拒否によって生じる不利益は人格の根幹部分の否定にも至りうる」という理解は、ご質問のケースにおいても同様に妥当すると考えるべきです。

したがって、ご質問のケースにおいても同様に、申出の拒否が「社会的に許容される限度を超えるもの」である場合には、そのような拒否は違法になり得ると考えられます。

以下、場合を分けて検討します。

2　ご質問のケースについての検討

（1）外性器の手術が行われている場合

戸籍上の性別の変更の有無を問わず、外性器の手術がなされている場合には、他の利用者との間で深刻なトラブルが生じることは想定しがたく、したがって、他の会員の利用との調整を含む施設管理上の問題（以下、「利用調整」）に関して、申込みを拒絶しなければならないほどの事情があるとはそもそも思われません。よって、申出の拒絶に関し、会員契約又はこれに付随する信義則上の義務に違反するものとして、クラブ側が当該申込者の精神的損害に係る損害賠償責任を負う可能性が高いと

(注1)　静岡地浜松支判平成26年9月8日判時2259号144頁。控訴審として東京高判平成27年7月1日

考えられます（民法415条，709条，710条）。

(2) 外性器の手術が行われていない場合

　一方，外性器の手術がなされていない場合には，利用調整が困難になることから，申出の拒絶が認められる場合もあり得ると思われます。

　しかし，直ちに申出の拒絶が認められると考えるのは妥当ではなく，変更の申出を受けたクラブ側において，会員の希望を最大限実現すべく配慮・検討することなしにその申出を短絡的に拒絶することは，上記（1）同様に，違法となり得ると考えるべきです。

　具体的には，クラブ側において，申出をした会員から診断書を徴収する等した上で，利用調整を図り得る代替手段がないかを真摯に検討し（利用時間・場所の配慮や，性別を問わずに利用できる簡易な更衣室等の設置など），他の会員からの意見聴取等も行った上，それでもなお利用調整が不可能であったという場合においては，ご質問にあるような申出を拒否することはやむを得ないものと思われます。

　ただ，このような真摯な検討・協議を行わずに短絡的に行われた申出の拒否については違法であるとして，クラブ側が当該会員の精神的損害に係る損害賠償責任を負う場合があると考えます。

　なお，ご質問のケースにおいては，申出を行った人物は既に会員です。新たに会員契約を申し込むケースとは異なり，当該会員についてはこれまでの利用実績もあるのですから，利用調整を図る上では，それらも考慮した上でのより慎重な検討が求められると考えられます。

【フィットネスクラブの同性会員間のトラブル対応時の留意点】

Q7 当社は、会員制のフィットネスクラブを運営しています。

複数の男性会員から、「ジムでトレーニングしている際に、ある男性からいきなり体を触られた。不快なので、退会も考えている」とのクレームがあり、調査したところ、ある男性会員の方がそのような行動に及んでいることが分かりました。

クラブ側としてどのように対応すればよいでしょうか。

A 異性間での類似のトラブルと同様に、当該会員に対して注意を促し、それでも行為がやまない場合には、退会させる等の処置をとることが考えられます。

ただ、同性間トラブルの対処にあたっては、特に、性的指向等のプライバシーに関する事柄を不必要に聞き出さないよう注意すべきです。

解説

1 会員の行為に関する法的責任

フィットネスクラブにおいては、会員に対してトレーニング施設を利用させる業務が中心となりますが、ご質問のケースでの当該会員の行為は、苦情が複数上がっているほどなのですから、これらの苦情の内容が真実である限り、他の会員によるトレーニング施設利用の妨げとなり、他の会員に対してトレーニング施設を利用させるというクラブの業務を妨害するような行為ということができます。

この場合の当該会員の行為は、他の会員に対する不法行為に該当し得るほか、クラブに対しても、例えば他の会員が退会してしまったような

場合には，業務妨害行為として不法行為に該当し得ることから，当該会員は，他の会員及びクラブに対する損害賠償責任を負担する可能性があります（民法709条，710条）。

2 クラブとしてとり得る対応

さて，上記のようなトラブルが生じた場合に，クラブとしてはどのような対応をとるべきでしょうか。

まずは，当該会員に対してクレームが複数入っていることを伝えて注意を促し，問題行為を中止するよう求めることになるでしょう。その際には，問題行為がやまない場合，会員規約の定めに従って当該会員との会員契約を解除したり，損害賠償請求を行うことすらあり得ることを伝えることも，やむを得ないであろうと考えます。

ただし，特に同性同士のセクシュアル・ハラスメントに関連するトラブルの場合には，トラブルの解決に必要な範囲を超えて，性自認や性的指向に関する事柄を聴取するようなことがないように十分に注意すべきです。

すなわち，ある個人が，どのような性自認・性的指向を有しているかということは個人のプライバシーに属する事柄として法的に保護されていますので，性自認や性的指向に関する事柄を本人の意思に反して聴取することは原則として許されません。しかも，性自認や性的指向を殊更に聴取・確認することが，客観的に行われた行為の問題点に基づく注意を行うにあたって特に必要ないものであることは容易に理解されることと思います。

したがって，ご質問のケースにおいても，上記注意を行う際には，相手の性的指向等についての質問などはするべきでなく，被害申告が相次いでいる旨を伝え，客観的な事実の確認を行った上で，かかる行為が不法行為に該当し得るものであって，クラブが注意したにもかかわらず行動が改まらなければ契約の解除や損害賠償請求も検討しなければならないこと等を伝えるのにとどめるべきです。

当然ながら，セクシュアル・マイノリティに対する偏見に基づき不相当な表現を用いて注意をする等の行為は，かえって，クラブ側の不法行

為として当該会員の精神的損害に係る損害賠償責任を生じさせる可能性もありますので，十分ご注意下さい。

第7 不動産

【トランスジェンダーであることを理由とする不動産賃貸仲介拒否の可否】

Q8 当社は，不動産賃貸の仲介を業とする不動産業者です。

当社の取り扱う物件の入居希望者が，トランスジェンダーの方であるとのことで，その人物が提出した住民票上の性別欄と外見上の性別は確かに異なっていました。

当社としては，住民票で性別を確認できない以上，本人確認が困難であることから，住宅の賃貸借の仲介自体を断ることを考えていますが，法的に問題となるでしょうか。

A トランスジェンダーであることを理由として安易に仲介拒絶することは，違法な差別的な取扱いとして損害賠償責任を生じさせる可能性があります。住民票以外の資料に基づく本人確認を行う等によって対応することが妥当でしょう。

解説

1 契約締結の自由とその限界

不動産賃貸借の仲介契約に限らず，ある契約を誰と結ぶかについては，当事者の自由な判断に委ねられるとするのが法の建前であり，自己の意思に反する契約の締結を強制されない権利は誰しもに認められます。このような考え方の下では，不動産賃貸借の仲介契約締結の場面で，不動産業者が，入居希望者のある特定の属性に着目し，仲介契約の締結の諾否を決したとしても，そのこと自体が直ちに違法の評価を受けるもので

はないというのが大原則です。

しかし，国家の基本法たる憲法14条1項では，「すべて国民は，法の下に平等であ」る旨が規定されており，不合理な差別は禁止されています。また，私人や私的団体相互間においても，平等の利益は保護されます(注1)。

したがって，仲介契約の締結拒否が不合理な差別的な取扱いであると評価されるような場合には，当該拒否が違法であるとして，契約を拒否された者に対して慰謝料等の損害賠償責任を負う可能性があります（民法709条，710条）。

2 ご質問のケースの場合

不動産の賃貸借契約に関して貸主が借主の住民票を徴求することの背景には，借主の本人確認を実行することにより，素性の知れない者に対して物件を賃貸してしまうことになるリスクを回避するという目的があると考えられます。

いうまでもなく，このような本人確認そのものは必要かつ合理的な行為というべきです。しかし，本人確認という目的を達成するために，必ずしも，住民票上の記載事項と外見上の特徴とが完全に一致している必要はありません。

ご質問のケースにおいては，入居希望者が自らトランスジェンダーであると申告しているのですから，住民票上の性別（すなわち戸籍上の性別）と外見上の性別が一致しない理由について，入居希望者側より合理的な説明がなされているというべきです。そうだとすれば，不動産業者としては，入居希望者から必要な範囲でヒアリングを行い，本人が実際にトランスジェンダーであるが戸籍上の性別は変更していない者であることについて確認するほか，他の公的な証明書類，例えば，自動車の運転免許証のような顔写真の貼付されている書類の確認を通じて得られた情報を住民票上の記載と照合することで，本人確認の目的を十分に達成できるものと思われます。

このような対応をとらずして，単純に住民票記載の性別と外見上の性別が異なっていることから本人確認不能として賃貸借の仲介を拒絶する

(注1) 三菱樹脂本採用拒否事件（最大判昭和48年12月12日民集27巻11号1536頁）

場合には，合理性のない理由でトランスジェンダーの人々の申込みを拒絶する行為，すなわち不合理な差別的取扱いとして，契約締結の自由の限度を超え，違法の評価を受けることがあると考えられます。

この点，参考になる裁判例として，賃貸マンションの所有者が，入居予定者が日本国籍を有していなかったことを理由として賃貸借契約の締結を拒絶したことにつき，入居予定者に対する不法行為責任を認めた事案があります。この裁判例では，「本件賃貸借契約は，原告を入居者として予定していたのであり，その原告が日本国籍ではないことを理由に，被告が本件物件を原告会社に賃貸しないこととしたのであるから，被告は，原告に対し，不法行為に基づき，原告の損害を賠償する責任を負うものというべきである」と判断しています[注2]。

以上からすれば，必要な対応をとらずに合理性のない理由で申込みを拒絶した場合には，不合理な差別的取扱いを受けたことを理由に，不法行為による人格権侵害として，申込者から精神的損害の賠償を求められることが考えられます。また，消費者センターや監督官庁等の行政機関に対して苦情の申入れがなされることによって，各機関からの行政指導ないし処分の対象となる可能性も否定できないことに注意が必要です。

3　企業取組例

株式会社リクルート，エンプラス株式会社など多数の企業が，入居審査の際にセクシュアル・マイノリティを差別しないこととしています。

また，株式会社リクルートは，自社運営の情報サイト「SUUMO」において，物件の特徴項目の一つとして「LGBTフレンドリー」という項目を設けています。

(注2) 京都地判平成19年10月2日裁判所ホームページ裁判例情報掲載

【同性カップルであることを理由とする退去要求の可否】

Q9
当社は、マンションの賃貸管理を行っている不動産業者です。

ウェブページやチラシの広告で「二人入居可」と表示していた物件に、友人同士で入居するとのことでオーナー側にて入居を認めた方々が、実際は同性カップルであることが後から分かりました。

退去を求めることは可能でしょうか。

A
「二人入居可」という表示から同性カップルの入居を拒絶する意思を読み取ることは困難であり、実質的にも、このような事情が賃貸借契約の解除事由となるとは考えられませんので、同性カップルであるという事情に基づいて退去を求めることはできません。

解説

1　詐欺取消し・錯誤無効の主張の当否

貸主側としては、当初は同性カップルではないと考えて賃貸借契約を締結したのだとすれば、入居する二人組の属性についての詐欺又は錯誤があったとして、詐欺による契約の取消し（民法96条1項）又は錯誤による契約の無効（同法95条）を主張することが考えられます。

しかしまず、詐欺による取消しの主張については、詐欺者に相手方を欺こうとする意思と、欺くことによって一定の意思を表示させようとする意思の双方が必要であるところ(注1)、「二人入居可」という表示から同性カップルの入居を拒絶する意思を読み取ることができない以上は、この場合の入居者に、貸主側を欺こうとする意思の存在を認めることは

(注1) 我妻榮ほか『我妻・有泉コンメンタール民法』205頁（日本評論社、第5版、2018）参照。

できません。同性カップルであろうが異性カップルであろうが，又は単なる同居人同士であろうが，「二人入居」に含まれるといえるからです。

次に，錯誤による無効の主張については，本件は意思表示の動機に錯誤がある場合である以上，動機の錯誤により契約が無効となるためには，その動機が，相手方に明示的ないし黙示的に表示されていることが必要です[注2]。しかし，上述のことからすれば，ご質問のケースの場合「二人入居可」という表示から同性カップルの入居を拒絶する意思（動機）を読み取ることは，明示的にも黙示的にもできませんので，錯誤による無効が認められることもないものと考えられます。

2 債務不履行解除の可否

次に，貸主が，債務不履行を理由に当該賃貸借契約を解除し得るかについて検討します。

この点，上記1に記載したように，「二人入居可」という表示のみから同性カップルの入居を禁止する内容を読み取ることはできません。したがって，当該賃貸借契約において，例えば仮に，「同居可能な人数は賃借人のほか1名のみとし，賃借人は同居人について賃貸人に届け出るものとする」等の規定が存在していたとしても，同性カップルの入居を明示的に禁じ，解除事由とする条項が存在しないのであれば，そもそもご質問のケースで債務不履行解除の要件を満たすことはありません。

では，賃貸借契約で規定された解除事由として「入居者が同性カップルである場合」が明示されてさえいれば問題なく契約を債務不履行解除できるかというと，まず，そのような差別的な条項は，同性カップルについて異性カップルと異なる差別的な取扱いを行うものとして，公序良俗（民法90条）に反し無効と判断される可能性があります。

加えて，建物の賃貸借契約の解除では，いわゆる信頼関係破壊の法理[注3]が適用されます。信頼関係破壊の法理とは，仮に借主に債務不履行（契約違反）がある場合であっても，その不履行・違反が，貸主と借主の信頼関係が破壊される程度のものであると認められない限り，貸主による債務不履行解除は認められないとする判例法理です。

仮に前述のような同性カップルの入居を禁じる賃貸借契約条項が公序

(注2) 最判昭和45年5月29日判時598号55頁
(注3) 最判昭和41年4月21日民集20巻4号720頁

良俗違反として無効であるとまではいえなかったとしても，入居者が同性カップルであるか否かにより建物の具体的な使用態様に大きな違いが生じるとは考えられませんので，この場合の貸主による債務不履行解除については，貸主と借主の信頼関係が破壊される程度の不履行・違反に基づくものではないとして，認められない可能性が高いと考えられます。

　以上のことから，ご質問のケースにおいて，同性カップルであることを理由とした債務不履行解除を行うことは，いずれにせよ困難でしょう。

3　結　論

　以上のとおり，ご質問のケースで，同性カップルであるという事情のみに基づいて詐欺取消し，錯誤無効や，債務不履行解除を主張することは困難ですから，結論として，賃借人の退去を求めることはできないことになります。

COLUMN

女性専用マンション

　セキュリティやプライバシー面で女性のニーズに応えるべく，マンション一棟全戸について入居対象を女性に限定した物件を提供するサービスを目にすることがあります。このようなサービスを提供する物件に，例えば，外見上は現状必ずしも女性には見えないものの自認する性別は女性であるというトランスジェンダー女性の方が入居を希望した場合，どのように対応すればよいでしょうか。

　この点，男性が入居していないことを期待してサービスを利用している他の入居者からクレームを受ける可能性を踏まえると，不動産業者として確かに対応が悩ましいところがあるかと思われます。

　ただ，この種のマンションにおいては，主としてセキュリティ面での配慮をアピールするために，入居対象を「女性」に限定しているのではないかと考えられます。そのような「女性」限定の趣旨に鑑みると，当該マンションにおける申込要項や契約書中に見られる「女性」という文言は，必ずしも生物学的な女性に限定する趣旨ではない（つまり，生物学的には男性であるものの，性自認が女性である方を含む）との解釈を採ることも，決して不可能ではないように思われます。トランスジェンダー女性については，上記のようなセキュリティ面での問題を生じさせる可能性が現実的になく，上記「女性」限定の趣旨に鑑みても，トランスジェンダー女性をもって，あえてここでいう「女性」に該当しないというだけの実質的理由に乏しいからです。

　こうしたことも踏まえ，上記のようなマンションに現実にトランスジェンダーの方からの入居申込みがあった場合には，生物学的な女性でないことだけを理由に安易に入居を拒絶するのではなく，診断書その他の客観的な証拠等を取得することや，他の入居者からの理解も得られるよう十分な説明を行うことを含め，入居の可否についての柔軟な検討がなされてよいと考えます。

第8 ホテル

【同性カップルであることを理由とする宿泊拒否の可否】

Q10
当社はホテルの営業を行っています。

今回、ホテルのダブルルーム（ダブルベッドのみが設置されている部屋）のネット予約がありましたが、実際に来館されたお客様は同性カップルの方でした。同性同士でのダブルルームの使用は、当社のホテル運営規則上認められておりませんので、宿泊をお断りしたいのですが、法的な問題はあるでしょうか。

なお、宿泊自体はお断りせず、室内に追加のシングルベッドを入れるか、あるいは、ツインルーム（シングルベッドが2つ設置されている部屋）のご利用をご案内する場合はどうでしょうか。

A
同性でのダブルルームの使用を禁じるホテルの運営規則を根拠にダブルルームの使用を拒否することは違法であり、ホテル側では旅館業法上の刑事責任、行政指導のほか、民事上の損害賠償責任を負うことになる可能性が高いといえます。

なお、宿泊自体は断らずに別のタイプの部屋を薦める行為も、実質的に宿泊を拒否しているに等しく、上記同様、違法といえます。

解 説

1 旅館業法上の宿泊させる義務

　ホテル等の宿泊施設の営業は「旅館業」に該当し，これを営む者は，都道府県知事等の許可を得なくてはならないなど，旅館業法上の規律に服することになります（同法2条1項，3条1項）。

　ここで，上記の許可を受けて旅館業を営む者は，宿泊しようとする者が，伝染性の疾病に罹患していると明らかに認められるとき，賭博その他の違法行為又は風紀を乱す行為をするおそれがあると認められるとき，宿泊施設に余裕がないときその他都道府県が条例で定める事由があるときを除き，宿泊を拒んではならないとされています（宿泊させる義務。同法5条）。

　したがって，ご質問のケースに関しては，大前提として，宿泊しようとする人が同性カップルであるということのみを理由としてホテルへの宿泊を拒否する行為は，そもそもホテル事業者側が負う宿泊させる義務の違反であって，旅館業法上違法とされることをまず明記しておきたいと思います。

2 ご質問のケースについての検討

（1）　近時，2020年の東京オリンピック・パラリンピックの開催予定に伴い，わが国の一層の国際化の機運が高まるにつれ，このようなセクシュアル・マイノリティであることを理由とした宿泊拒否が許されないことの周知を図るべく，厚生労働省は，「旅館業に関する衛生等管理要領」を改正しました。

　　同要領の「Ⅳ　宿泊拒否の制限」の第3項には，「宿泊者の性的指向，性自認等を理由に宿泊を拒否（宿泊施設におけるダブルベッドの予約制限を含む。）することなく，適切に配慮すること」が明記され，同要領は厚生労働省から全国の自治体に対して通達されています（以下，「改正要領」）。

　　よって，宿泊を拒否するという対応については，改正要領により，許されないことが一層明確になったといえます。このような対応を

規定するホテルの運用規則もまた，法的には，旅館業法に違反するものとして，公序良俗（民法90条）に反し無効になる可能性が高いでしょう。

（2）　一方，別の部屋を案内するという対応についてはどうでしょうか。
　　このようなホテル側提案は，結局のところ同性同士でのダブルルームの使用を認めないという違法無効なホテル運営規則に基づいてなされたものであり，そのような無効な運営規則に基づいた留保を受けずにホテルのサービスの提供を受けることができる権利が，客側にはあると考えられます。この点については，改正要領にも，「拒否」の内容として，「宿泊施設におけるダブルベッドの予約制限を含む」と記載されているとおりです。
　　よって，別の部屋を案内するという対応についても，やはり，宿泊を拒否するという対応と異なるものではなく，旅館業法5条及び改正要領に違反するものとして許されません。

3　企業が負担する法的責任

　旅館業法5条の宿泊させる義務の違反については，同法11条1号が旅館業の営業者に対する50万円以下の罰金を定めているほか，違反行為があれば，保健所による行政指導があり得ます。
　また，同性カップルであるということのみを理由とした宿泊の拒否は，宿泊を拒否されたカップルからすれば，何より，それ自体によって精神的苦痛を受けることになりますし，宿泊拒否の結果，より宿泊料の高いホテル等への宿泊を余儀なくされれば，それに伴い財産的な不利益も被ることにもなります。よって，ホテルとしては，不法行為に該当するとして，宿泊を拒否されたカップルから，精神的・財産的損害の賠償を請求されるリスクもあります（民法709条，710条）。

4　関連裁判例

　同性愛者であることを理由とする宿泊拒否に関する裁判例として，いわゆる「東京都青年の家事件」[注1]があります。

(注1)　東京高判平成9年9月16日判タ986号206頁

この事案では，東京都が設置・管理する「府中青年の家」という宿泊が可能な施設において，同性愛者の団体について施設内で性的行為に及ぶ可能性があるという偏見というほかない理由に基づいて申込者らの宿泊を拒否した行為が，同性愛者の利用権を不当に制限し，結果的，実質的に同性愛者に対する不当な差別的取扱いであるとして，違法と判断されています。

COLUMN

時間制入浴施設

　日本のホテルや旅館では，大浴場や露天風呂といった目玉の入浴施設の利用を，時間により男女で分けている施設が少なくありません。このような入浴施設について，例えば，トランスジェンダーであると称する宿泊客から，「男性，女性，いずれの利用時間帯にも入浴したくないので，自分だけの入浴時間を設けて欲しい」と申し出られた場合，どのように対応するのが望ましいでしょうか。

　このような入浴施設の利用時間を，生物学的な意味の男女で区別されてしまうと，トランスジェンダーの人々にとっては，そうでない人々と同じ金額の宿泊料金を支払っているのに施設利用ができないという不平等・不公平が生じることになります。

　顧客を平等に扱うという観点からいえば，当初より，ホテル・旅館の宿泊契約・運用規則でセクシュアル・マイノリティに配慮されたルールが定められるのが好ましいことは勿論ですが，現状では，残念ながらこのような事態を想定したルールが個々のホテル・旅館において存在しないことの方がむしろ一般的と思われます。したがって，ケースバイケースの対応とならざるを得ないにせよ，上記のような場合には，少なくともホテル側として，個別の事情に応じた合理的な配慮に努めるべきであるとはいえるでしょう。例えば，ホテルや旅館の入浴施設の場合，一日のどこかの時間帯においては，清掃のために入浴自体ができないことが通常と思われます。この清掃の時間帯の前後に若干の時間を設けて，当該宿泊者に利用させるといった配慮は検討されてよいと思われます。

　もちろん，上記のような配慮を行うことによってホテル・旅館側に負担が生じることはあり得ると思いますが，ホテル・旅館の提供するサービスを全ての顧客に対して平等に提供するという観点からは，このような可能な範囲での合理的配慮を行う義務を，宿泊契約の中に読み込むことも不可能ではないように思われます。

第4章　業界Q&A

第9 学校

【自認する性別に基づく学校での制服着用・髪型の可否】

Q11　当校（私立学校）の校則においては，男子の長髪を禁じており，また，制服は男女で区別していますが，ある男子生徒から，性同一性障害を理由に，髪型を長髪とし，女子生徒用の制服を着て登校することを許諾して欲しいとの要望がありました。その生徒は，ホルモン治療や外科的手術は受けておらず，身体的には男子ですが，性同一性障害であることを周りの生徒に自ら話しており，女子生徒のような振る舞いをしています。

　どのように対応すべきでしょうか。

A　自分の性別を女子であると認識している性同一性障害の生徒について，戸籍上の性別や身体上の性別が男子であるということをもって長髪や女子の制服の着用を認めないことに，当該生徒の人格権を害してまで守るべき他の利益があるとは思えませんので，学校は，当該生徒の要望を認めるべきであると考えます。

解説

1　文部科学省通知

　文部科学省は，各国公私立学校に対し，「性同一性障害に係る児童生徒については，学校生活を送る上で特有の支援が必要な場合があることから，個別の事案に応じ，児童生徒の心情等に配慮した対応を行うこと」を求める通知（以下，「文科省通知」）(注1)を出しています。

　　（注1）平成27年4月30日付け文部科学省初等中等教育局児童生徒課長通知「性同一性障害に係る児童生徒に対するきめ細かな対応の実施等について」

文科省通知は,「全国の学校では学校生活での各場面における支援として別紙に示すような取組が行われてきたところであり,学校における性同一性障害に係る児童生徒への対応を行うに当たって参考とされたい」として,「性同一性障害に係る児童生徒に対する学校における支援の事例」と題する別紙が付されたものですが,その別紙の内容は以下のとおりです。

性同一性障害に係る児童生徒に対する学校における支援の事例

項目	学校における支援の事例
服装	・自認する性別の制服・衣服や,体操着の着用を認める。
髪型	・標準より長い髪型を一定の範囲で認める(戸籍上男性)。
更衣室	・保健室・多目的トイレ等の利用を認める。
トイレ	・職員トイレ・多目的トイレの利用を認める。
呼称の工夫	・校内文書(通知表を含む。)を児童生徒が希望する呼称で記す。 ・自認する性別として名簿上扱う。
授業	・体育又は保健体育において別メニューを設定する。
水泳	・上半身が隠れる水着の着用を認める(戸籍上男性)。 ・補習として別日に実施,又はレポート提出で代替する。
運動部の活動	・自認する性別に係る活動への参加を認める。
修学旅行等	・1人部屋の使用を認める。入浴時間をずらす。

　この中で,髪型・服装については,「標準より長い髪型を一定の範囲で認める(戸籍上男性)」,「自認する性別の制服・衣服や,体操着の着

用を認める」との例が挙げられています。

また，同通知は，「医療機関を受診して性同一性障害の診断がなされない場合であっても，児童生徒の悩みや不安に寄り添い支援していく観点から，医療機関との相談の状況，児童生徒や保護者の意向等を踏まえつつ，支援を行うことは可能である」としており，学校においては，性同一性障害の診断の有無にかかわらず，生徒に寄り添い，支援を行うことが求められています。

2　髪型・服装の自由と校則

身じまい（髪型や服装）などライフスタイルを決める自由は，自己決定権ないし人格的自律権として，憲法13条により保障されていると考えられます。ただし，髪型ないし服装の自由が自己決定権に属するとしても，一定の規律の存在が予定される学校においては，規制に重要な教育目的があり，かつ，規制の態様・程度がその目的と実質的に事実上の合理的な関連性を有する限り，規制は許されると解されています[注2]。

この点に関し，男子の髪型について「丸刈，長髪禁止」と規定した校則に基づく行為について，当該学校の校長の不法行為責任が問われた事案において，裁判所は，結論としては，「著しく不合理であることが明らかであると断ずることはできない」として違法性を否定したものの，「本件校則はその教育上の効果については多分に疑問の余地があるというべきである」として，「丸刈，長髪禁止」という校則の合理性について疑問があることを明示しています[注3]。

3　校則の目的と生徒が被る不利益

ここで，性同一性障害の生徒にとって，自分が自分としての存在を維持できるための「性別」とは，自己が認識する性別であって，戸籍上の性別や身体上の性別ではありません。よって，髪型や服装に関する校則を適用する際にも，その生徒からすれば，自己の認識する性別を基準として欲しいと要望するのは当然であって，そうでなければ，自己のアイデンティティを保てないということになります。

一方で，学校からすれば，そのような校則を採用している教育目的が

(注2) 芦部信喜著・高橋和之補訂『憲法』127頁（岩波書店，第六版，2015）
(注3) 熊本地判昭和60年11月13日行政事件裁判例集36巻11〜12号1875頁

あるはずですから，その教育目的が具体的には何であるのか，また，自己が認識する性別ではなく戸籍上・身体上の性別に従って校則を適用することが，「その目的と実質的に事実上の合理的な関連性を有する」といえるのかを検討する必要があります。

この点，一般に，男子生徒に長髪を禁じる校則の目的は，男子が長髪にすると風紀が乱れるためこれを防ぐといったものであり，また，制服を男女で区別する理由は，秩序を保つためといったものではないかと思います。このような「風紀が乱れることを防ぐ」「秩序を保つ」といった抽象的な目的が直ちに「重要な教育目的」に該当するかどうかやや疑わしいところもありますが，仮に上記のような目的によって「重要な教育目的」の存在が認められたとしても，その目的と，戸籍上・身体上の性別を基準として一律にこれらの校則を適用することとの間に，「実質的に事実上の合理的な関連性」があるといえるかが更に問題になります。

ここで確かに，上記のような校則については，ご質問にあるような性同一性障害の生徒の存在を度外視してしまえば，風紀の乱れを防止して秩序を保つという教育目的と，戸籍上・身体上の性別を基準として一律にこれらの校則を適用することとの間に「実質的に事実上の合理的な関連性」が認められる場合はあるかもしれません。

しかし，現実に当該学校に性同一性障害の生徒が存在しており，上記校則がその生徒にも一律に適用されてしまうような場合を考えれば，少なくとも，当該生徒との関係では，同校則につき上記の意味での「合理的な関連性」は認められず，その効力をその生徒に及ぼすことはできないと考えるべきです。なぜなら，特に今回のように当該生徒が性同一性障害であることを周りの生徒が知っており，当該生徒が自認する性別に基づく振る舞いをしている場合において，当該生徒に自認する性別に従った髪型や服装を許したとしても，そのことが，その他の生徒の髪型や服装の乱れを誘発するとは考えられず，戸籍上・身体上の性別を基準とした髪型や服装をさせなければ風紀が乱れたり秩序が保たれなくなってしまう，とはいえないからです。

また，当該生徒が性同一性障害であることを周りに話していない場合であっても，戸籍上・身体上の性別を基準として校則を性同一性障害の

生徒にも一律に適用した場合にその生徒が受ける不利益は，自己の認識と相反する性別に従った取扱いを甘受しなければならないというものであり，それは，その生徒の人格権（アイデンティティ）を否定することを意味します。このような甚大な不利益をその生徒に与えてまで，校則を戸籍上・身体上の性別を基準として一律に適用することには，かかる校則の目的が上記のとおり相当程度に抽象的なものであることも考え合わせれば，十分な合理性を見出し難いと言わざるを得ません。

したがって，学校としては，性同一性障害の生徒に対しても一律ないし形式的な校則の適用を主張するのではなく，むしろ，その生徒や保護者との間で真摯な協議を行い，当該生徒の精神的苦痛を緩和する方向で現実的な解決策を探るべきと考えます。

以上より，ご質問のケースにおいても，自認する性別に従った髪型や制服着用を要望している性同一性障害の生徒との間で真摯な協議を行うことなく，戸籍上・身体上の性別に基づいて校則を一律に適用する場合，そうした対応はその生徒の人格権を侵害する違法なものであるとして，在学契約に付随する信義則上の義務に反して債務不履行（民法415条）に該当し，又は不法行為責任（民法709条，710条）を構成する可能性があると考えます。

4　情報の共有範囲

なお，性同一性障害の生徒から各種要望を受けた際や何らかの対応を行う際に，それに関する情報をどの範囲で共有するかは，非常に重要な問題です。学校としては，きちんと検討・対応を行うために一定の範囲で共有することが必要であると考えるでしょうが，最も大切なことは，その生徒本人が，誰にどの内容までを共有してよいと考えているかということです。今回のご質問のケースでは，当該生徒が自ら周りに性同一性障害であることを話していますが，そうでない場合もあります。

学校としては，生徒本人に対し，「あなたの要望を検討し又は対応するためにはここまでの範囲で情報を共有することが必要であると考えているが，よいか」と，生徒本人から共有について事前に承諾を得ることが必要です。

文科省通知も,「教職員等の間における情報共有に当たっては,児童生徒が自身の性同一性を可能な限り秘匿しておきたい場合があること等に留意しつつ,一方で,学校として効果的な対応を進めるためには,教職員等の間で情報共有しチームで対応することは欠かせないことから,当事者である児童生徒やその保護者に対し,情報を共有する意図を十分に説明・相談し理解を得つつ,対応を進めること」として,情報共有にあたり生徒本人の意向を重視すべきであることについて注意喚起を行っています。

【性同一性障害の生徒の女子学生寮への入寮の可否】

Q12 当校（私立学校）に在学するある生徒は、戸籍上も身体上も男子ですが、性同一性障害であることを理由に女子学生寮に入寮することを要望しており、性同一性障害の診断書が提出されています。

当校としては、他の女子生徒が覚えるであろう違和感に配慮し、認められない旨回答するつもりでいますが、問題がありますか。

A 学校としては、生じ得る問題をいかなる方法で回避・解決することができるかについて真摯に検討する必要があり、そのような検討も行わずに安易に入寮を拒否した場合には、当該生徒の人格権を侵害する違法な行為として、不法行為責任を問われる可能性があると考えます。

解説

1 基本的な考え方

文部科学省は、各国公私立学校に対し、「性同一性障害に係る児童生徒については、学校生活を送る上で特有の支援が必要な場合があることから、個別の事案に応じ、児童生徒の心情等に配慮した対応を行うこと」を求める通知（以下、「文科省通知」）(注1)を出しています。性同一性障害の生徒から自己の認識する性別に従った取扱いをして欲しい旨の要望がなされた際、学校は、当該生徒の心情に配慮した対応を行うことが必要です。

一方で、学校は、他の生徒に対して配慮することも同時に求められる立場にありますので、性同一性障害の生徒の要望に従った取扱いを実施

(注1) 平成27年4月30日付け文部科学省初等中等教育局児童生徒課長通知「性同一性障害に係る児童生徒に対するきめ細かな対応の実施等について」

した場合に他の生徒に対して生じる不利益がもしあるのであれば、それとの均衡を図る必要があります。

ただし、ここで注意すべきことは、抽象的に他の生徒に不利益が生じ得るということをもって、安易に性同一性障害の生徒の要望を拒否してはならないという点です。性同一性障害の生徒にとって、自認する性別に従った取扱いを受けることは、自己のアイデンティティを保つために必要なことであり、人格権に関わる事柄です。したがって、性同一性障害の生徒が自認する性別に従った取扱いを要望した場合には、それが人格に関わる事柄であることを十分に認識した上で、それを尊重するのが原則であり、かかる要望を拒否した場合に当該生徒が受ける不利益（自己のアイデンティティが保てないという重大な不利益）を踏まえてもなお、それを上回る重大な不利益が、当該要望を受け入れた場合に具体的に生じることが想定できる場合でない限り、要望を拒否することは許されないと考えます。

性同一性障害の生徒が被る不利益を上回る不利益が存在しないにもかかわらず、抽象的な不利益が想定されるというだけで、当該生徒の要望を拒否し、当該生徒の認識に反する性別に従った取扱いを継続する行為は、当該生徒の人格権を侵害する違法なものとして、在学契約に付随する信義則上の義務に反して債務不履行（民法415条）に該当し、又は不法行為（民法709条，710条）に該当するおそれがあると考えます。

2　対立利益の検討

それでは、戸籍上も身体上も男子である生徒が女子学生寮に入ることにより生じる具体的な不利益とは、何でしょうか。

（1）　一般的に懸念される不利益としては、共同トイレや共同浴室を身体的に男子である生徒が利用するとなると、現実的な危険性はなかったとしても、少なくとも他の女子生徒（又はその保護者ら）が身の危険ないし精神的な不安感を感じることがあり得る、というものかと思います。

しかし、トイレについていえば、そもそも女子用のトイレは個室

ですので，ある生徒の外見上明らかでない身体的特徴を他の生徒が目にすることはありません。また，浴室利用についても，性同一性障害の生徒に利用時間帯をずらしてもらうなどの工夫をすることにより，他の女子生徒が不安を覚えないようにすることは可能です。

　なかには，身体的特徴を目にすることがなくても，顔や体格などが男性的である生徒が女子学生寮に住んでいること自体に他の女子生徒は不安を覚えるのであって，女子だけで安心して過ごせるという本来の女子学生寮の存在意義が失われてしまう，と考える人もいるかもしれません。しかし，そのような漠然とした抽象的な不安感の存在をもって，性同一性障害の生徒が自己の認識に反する性別の生徒としての取扱いを甘受しなければならない理由とすべきではありません。そのような不安は，学校側からの十分な説明等により解消され得るものであり，これをもって，性同一性障害の生徒が自己の認識する性別に従った取扱いを受けられないことにより被る，自己のアイデンティティを保てないという重大な不利益を上回るほどの対立利益であると捉えることは，妥当でないと考えます。

（2）　なお，女子学生寮に入寮している他の女子生徒側の懸念としては，学校側が性同一性障害であるが戸籍上又は身体上男性である生徒につき女子学生寮に入寮することを認めれば，実際には性同一性障害ではないのに，そうであると偽って女子学生寮に入寮しようとする男子生徒を女子学生寮に入寮させてしまうことになるのではないか，といったものも考えられます。

　しかし，このような懸念は，そのような不当な目的をもって性同一性障害であると偽って女子学生寮に入寮しようとする男子生徒が現実にいるとはまず考えにくいという意味でやはり抽象的なものにすぎないという点を措いたとしても，そもそも学校側において当該生徒が性同一性障害であることがきちんと確認できてさえいれば，解消され得るものです。

　すなわち，学校側としては，例えば，当該生徒が性同一性障害であることの診断書を既に取得しているような状況であれば，その診

断書の確認を通じて上記確認はなされていると考えてよいですし，そこまでいかずとも，当該生徒やその保護者からのヒアリングを通じて性同一性障害であることの十分な確証が得られるようであれば，やはり上記の確認はなされていると考えることができるでしょう。

学校は，こうした確認が行われていることを他の女子生徒や保護者らにきちんと説明をすることにより，上記懸念を解消するべき立場にあります。

3 結論

以上からすれば，性同一性障害の生徒が自認する性別に従って女子学生寮に入りたいと要望した場合に，学校がそれを短絡的に拒否することを正当化するのは難しいと考えます。

学校としては，他の女子生徒側の抽象的な不安を理由に安易に要望を拒否するのではなく，具体的にどのような問題が生じ得るかを洗い出した上で，それをいかなる方法で回避・解決することができるかについて，真摯に検討する必要があります。

そのような検討も行わずに，戸籍上又は身体上の性別が男子であるという一点をもって入寮を拒否した場合には，性同一性障害の生徒の人格権を侵害する違法な行為として，前述のように，在学契約に付随する信義則上の義務違反による債務不履行責任（民法415条）又は不法行為責任（民法709条，710条）を問われる可能性があると考えます。

4 参考事例

女子寮ではなく女子大のケースですが，お茶の水女子大学は，2020年度の学部及び大学院の入学者から，自認する性別に基づいて女子大学で学ぶことを希望するトランスジェンダーの学生（戸籍上は男性であるが自認する性別が女性である学生）を受け入れることを決定しており，入学希望者がトランスジェンダーかどうか確認できる書類などが求められる場合があるものの，提出が難しい場合には大学で検討するとしています。

【同性愛の生徒の登校拒否に対する学校の責任の有無】

Q13 ある男子生徒の保護者より,「息子は,同性愛者であることを理由に一部の生徒からいじめを受け,また,担任の教師が『本人は治そうとしている』など同性愛者であることが治療の対象であるかのような発言をしたため,登校拒否となった。学校側に責任を取ってもらいたい」とのクレームを受けました。

当校に法的な責任はありますか。

A 学校は,当該生徒に対して,安全配慮義務違反に基づく債務不履行責任ないし不法行為責任を負う可能性があります。

解 説

1 安全配慮義務

学校の安全配慮義務について,裁判例は,以下のように述べています。

「学校は,保護者の委託を受けて教育する責務を負い,保護者から受託した生徒につき,学科について教育するだけではなく,学校における教育活動及びこれに密接に関連する生活関係における生徒の安全を確保すべき義務を負うのであり,学校の支配下にある限り,生徒の生命,身体,精神及び財産等の安全を確保すべき義務を負い,外部者による侵害だけではなく,生徒による侵害に対しても同様で,学校において,他人の生命,身体等の安全の確保に関する規律を習得させる機会を生徒に与えることも期待されていると解せられる。教員は,学校のこれらの義務の履行を補助する者としての責任を負うというべきである。」(下線は筆者による)[注1]

(注1) 東京高判平成19年3月28日東京高等裁判所判決時報民事58巻1〜12号2頁

つまり，学校は，「生徒の生命，身体，精神及び財産等の安全を確保すべき義務」を負い，教員は学校のそのような義務の履行補助者たる立場にあります。

　よって，履行補助者たる教員がこの安全配慮義務に反する行為を行った場合，学校は，当該生徒に対し，債務不履行責任（民法415条）ないし不法行為責任（民法709条，710条）として損害賠償義務を負います。

2　教員の安全配慮義務違反

　ご質問のケースでは，同性愛者である生徒がそのことを理由にいじめを受けているという状況下において，担任の教師が，「本人は治そうとしている」と，同性愛は治さなければならないものであるとの誤った認識に基づく発言を行っています。

　上記裁判例でも述べられているとおり，学校は，「生徒の生命，身体，精神及び財産等の安全を確保すべき義務」を負っており，「他人の生命，身体等の安全の確保に関する規律を習得させる機会を生徒に与えること」が期待される立場にあります。生徒が同性愛者であることを理由にいじめを受けている場合，いじめを行っている生徒が同性愛に対する差別意識や偏見を有していることが容易に推測されますので，本来であれば，その差別意識・偏見を正すことが，学校の履行補助者たる教員に求められるべきことです。

　しかし，ご質問のケースでは，担任の教師は，差別・偏見を正すどころか，同性愛が病気であるとの誤った認識を生徒たちに植え付けることにより，それを助長する結果を生じさせているといえます。

　ここで，学校教員は，たとえ自身に同性愛についての知識がなかったとしても，同性愛を理由としたいじめの存在を認識した以上，少なくともそれを契機として同性愛について正しい知識を得た上で，いじめに対応すべき立場にあります。

　特に，文部科学省が各国公私立学校に対して出した通知（以下，「文科省通知」）(注2)において，「教職員としては，悩みや不安を抱える児童生徒の良き理解者となるよう努めることは当然であり，このような悩みや不安を受け止めることの必要性は，性同一性障害に係る児童生徒だけ

(注2)　平成27年4月30日付け文部科学省初等中等教育局児童生徒課長通知「性同一性障害に係る児童生徒に対するきめ細かな対応の実施等について」

でなく,『性的マイノリティ』とされる児童生徒全般に共通するものである」と明記されていること,その後に重ねて同内容の教職員向け周知資料[注3]が公表されていること,及び,いじめ防止対策推進法に基づく「いじめの防止等のための基本的な方針」(2013年10月11日文部科学大臣決定,2017年3月14日最終改定)に「性同一性障害や性的指向・性自認に係る児童生徒に対するいじめを防止するため,性同一性障害や性的指向・性自認について,教職員への正しい理解の促進や,学校として必要な対応について周知する」と記載されていることからすれば,性的マイノリティである同性愛者について正しい知識を有しておくことは,教員として当然に求められる事項といえます。

したがって,同性愛について正しい知識を得ることなく,同性愛が「治る」あるいは「治さなければならないものである」との誤った理解の下に対応を行うことは,少なくとも,正しい知識を保有せずに漫然と不適切な対応をとったものとして,過失が認められると言わざるを得ません。

よって,学校には,履行補助者たる教員の行為を通じて安全配慮義務違反が認められ,当該生徒に対し,債務不履行責任(民法415条)ないし不法行為責任(民法709条,710条)を負う可能性があると考えます。

3　学校自身の安全配慮義務違反

また,学校は,生徒が他の生徒の生命,身体,精神及び財産等を侵害しないよう,生徒に対して必要な教育を行うと共に,各教員が生徒に対して適切な対応を行うよう,各教員を指導すべき立場にあります。

よって,仮に,学校が,今回のいじめを認識した後も,生徒や教員に対していじめや同性愛に関する必要な教育・指導・研修を行わずに放置し,それによって生徒が登校拒否に陥ったといえる場合には,学校は,自身の安全配慮義務違反に基づく債務不履行責任(民法415条)ないし不法行為責任(民法709条,710条)として,当該生徒に対し,損害賠償義務を負う可能性があると考えます。

(注3) 平成28年4月文部科学省「性同一性障害や性的指向・性自認に係る,児童生徒に対するきめ細かな対応等の実施について(教職員向け)」

第10 金融

【同性パートナーによる取引履歴開示請求の可否】

Q14 当行（銀行）の顧客が亡くなり，その同性パートナーと名乗る方から，亡顧客名義の預金口座の取引履歴の開示請求がなされています。パートナーの方は法定相続人ではありませんが，地方自治体が発行したパートナーシップ証明書の提出を受けました。どのように対応すべきでしょうか。

A パートナーシップ証明書を有するパートナーであったとしても，この方は当然には取引履歴の開示を求め得る地位を有していません。遺言，遺産分割協議書又は特別縁故者と認められたこと等により，この方が預金契約上の地位を承継しているか否かの確認をする必要があるでしょう。

解 説

1 相続人による取引履歴開示請求の根拠

最高裁判例によれば，相続人は，共同相続人全員の同意がなくても単独で，被相続人名義の預金口座の取引履歴の開示を請求することができるとされています[注1]。同判例は，預金契約には消費寄託契約の性質のほか振込入金の受入れ，各種料金の自動支払，利息の入金，定期預金の自動継続処理等，委任事務又は準委任事務の性質を有する業務も含まれているところ，委任契約や準委任契約における受任者は，委任者の求めに応じ委任事務の処理状況の報告義務を負っており（民法645条，656

(注1) 最判平成21年1月22日民集63巻1号228頁

条），そのような契約上の地位を相続することになった共同相続人は，単独でも，準共有における保存行為（同法264条，252条但書）として取引履歴の開示を求めることができるとしています。

同最高裁判例の判旨からすると，預金契約の当事者ではない相続人が銀行に対して取引履歴の開示を求めることができる根拠は，預金契約に含まれる委任又は準委任の性質に基づく報告義務の履行を求める権利を相続人が相続したという点にあるということになります。

2　ご質問のケースについて検討

上記理解をもとにすると，ご質問のケースにおける同性パートナーが，銀行に対して上記報告義務の履行を求める権利を被相続人から承継しているのかが問題となります。

この点，法定相続権が認められるのは，現行法上，戸籍上の夫婦や子ども，尊属等に限られていますので（民法887条ないし890条），これらに含まれない者が上記権利を承継するのは，上記権利の基礎となる預金契約を遺贈する内容の遺言ないしそれと同様の内容を有する遺産分割協議書が存在する場合や，被相続人に相続人がおらず，当該同性パートナーが家庭裁判所から特別縁故者と認められた場合（同法958条の3）ということになります。

したがって，銀行としては，上記いずれかの場合に該当するかを確認し，もしこの確認ができた場合には，開示に応じる必要があります。

これに対し，そのような確認ができなかった場合，当該同性パートナーは被相続人と金融機関の間の預金契約を承継しているわけではないため，上記報告義務の履行を求める権利があるとはいえないことになります[注2]。

預金契約上の地位を承継していない者に取引履歴を開示すると，預金契約を相続により承継した者の許可なく第三者にその内容を開示したこととなり，相続人に対する預金契約上の守秘義務に係る債務不履行責任（民法415条）を負うおそれがありますので，避けるべきでしょう。

（注2）逆にいえば，同性パートナーが被相続人であるパートナーの死亡後にパートナーの取引内容を確認できるようにしておくには，かかる預金契約について遺贈をする旨の遺言を作っておけばよいということになります。この場合，当該同性パートナーは，かかる預金契約上の権利義務を被相続人から承継したことになるためです。

COLUMN

通称名での銀行口座の開設

　トランスジェンダーであることから戸籍上の名とは異なる名を通称名として用いている人が，家庭裁判所における戸籍上の名の変更許可を受ける前の段階で，通称名を名義とした銀行口座を新たに開設することは可能でしょうか。

　銀行口座を開設するにあたっては，犯罪による収益の移転防止に関する法律により，本人特定事項として氏名の確認が必要であり（同法4条1項1号），提出書類としては運転免許証，健康保険証，印鑑登録証明書など，戸籍上の氏名が記載された書類が必要であるとされています（同法施行規則6条1項1号イ，同7条1号）。

　これを踏まえ，銀行は通常，戸籍上の名とは異なる通称名での口座開設は認めません。この取扱いは，上記法律の規定を前提に，顧客管理にかかるコストや，通称名口座が悪用されることによる不正行為のリスクを考慮したものと思われ，これ自体に一定の合理性があることは否めません。

　ただ，大手銀行の一部においては，婚姻により姓が変わった顧客について，新旧どちらの姓も確認できる書類の提出等があった場合に，旧姓での口座開設・利用を認めているところもあります。つまり，戸籍上の氏名とは異なる通称名での口座開設・利用は絶対に認めるべきではないというものではなく，要は，銀行側において，不正行為リスクをいかにコントロールするかという点がポイントであるといえます。

　その見地からすると，その通称名で日常生活をしていることを示す資料（例えば，手紙，通勤定期，ポイントカード，学生証・社員証等）が提出され，口座開設者の戸籍上の名と通称名とのつながりが明らかになる場合には，家庭裁判所による名の変更許可を受ける前の段階であっても，通称名を使用した口座開設・利用を認める取扱いがなされることが妥当でしょう。

銀行口座は，給与の振込に使用されるなど，日常生活に密接な関係を有するものであり，その口座名義が自認する性別と異なる性別を想起させる名であることは，トランスジェンダーの人々にとって大きな苦痛を感じる局面の一つといえます。戸籍姓と異なる通称姓である旧姓を口座名義として認め得るというのであれば，トランスジェンダーの方についても戸籍名の変更許可を受ける前の段階で戸籍名と異なる通称名の使用を認めることも可能ではないでしょうか。
　家庭裁判所での戸籍名の変更許可の手続は容易ではありませんし，家族や親族との関係から戸籍名を変えづらいという方もいると思われますので，是非柔軟な対応をお願いしたいところです。

第11 病　院

【同性パートナーによる手術同意書への署名の可否】

Q15　脳梗塞で倒れた患者が，同人と長年連れ添った同性パートナーであるという人物に付き添われて，当院（私立病院）に緊急搬送されてきました。緊急手術をするにあたり，近親者に手術への同意書を作成してもらいたいのですが，その患者の戸籍上の近親者はみな，音信不通とのことです。

　この場合，近親者に代わり，同性パートナーから同意書への署名を得るということで問題ないでしょうか。

A　そもそも，患者本人の同意を得られない場合にその家族から同意を得るという対応自体，法的に絶対的に必要とまでいえるものではありません。

　長年連れ添ったという同性パートナーからの同意書面を取得することは，リスク回避の観点から有益であるということができますので，ご質問のケースでは当該同性パートナーの署名を取得すべきであり，それで足りると考えます。

解　説

1　医療行為の違法性と本人の同意の効果

　患者は，自己決定権（憲法13条）の一内容に含まれるものとして，医療を受けることに関する決定権を有しています。そして，医師が医療行為を行うには，医療診療契約とは別に，原則としてその具体的な医療

行為につき患者から同意を得ることが必要です。

この点，刑法上は，身体に対する侵襲を伴う手術などの医療行為は，患者の身体を一部傷つける行為であるため傷害罪（刑法204条）の構成要件に該当するものの，患者本人の同意がある場合には，自己決定権に基づいて自己の身体という法益を処分したものとして違法性が阻却される（つまり犯罪ではなくなる）と解釈されています[注1]。

また，民法上は，裁判例において，不法行為（民法709条）の違法性に関し，「医師が患者の身体に対し手術を行う場合には，それが適法たるためには，原則として患者の治療及び入院の申込とは別の当該手術の実施についての患者自身の承諾を得ることを要するものと解すべく，承諾を得ないでなされた手術は，患者の身体に対する違法な侵害となるものといわなければならない」と判示されており[注2]，違法性の阻却に関して，上記刑法上の解釈と概ね同様に解されています。

2 本人に同意能力がない場合

(1) 議論状況の整理

上記1記載の議論を踏まえると，具体的な医療行為を行うことについては原則として患者の同意が必要であり，かつ，その同意自体が法律的に有効であることが必要です。

ここで，同意が有効であるというためには，同意者が法益の処分権と同意（判断）能力を有する者であって，かつ，その者の真意による同意がなされることが必要です[注3]。

ただ，意識不明状態にある等，当該医療行為のなされる時点において患者に同意する能力がない場合には，患者本人による同意を受けることができないことから，上記原則論を貫くならば，そのような状態にある患者への手術は一切許されないという不合理な結論が導かれることになります。そこで，本人に同意能力がなく，また，本人の事前の承諾を示す書面等もない場合であっても，必要な医療行為を行うことができるようにするために，「推定的承諾（又は推定的同意）」という法理論が考えられています。

(注1) 山口厚『刑法総論』162頁以下（有斐閣，第3版，2016），西田典之『刑法総論』187頁（弘文堂，第2版，2010）

(注2) 札幌地判昭和53年9月29日判タ368号132頁

(注3) 山口厚『刑法総論』164頁以下（有斐閣，第3版，2016），西田典之『刑法総論』187頁，191頁（弘文堂，第2版，2010）

ここでいう「推定的承諾」とは，患者の「推定される意思」に合致する法益侵害行為の違法性は阻却されるとする考え方です[注4]。これは，患者本人は確かに現時点で医療行為に対する同意の意思を表明することはできないが，仮に意思表明をすることができる状況にあったとしたら当該医療行為に対する同意をしたであろうと合理的に推定される場合には，現実には上記同意がなされていなくとも，違法性阻却を認めるべきであるとする理論ということになります。
　上記の「推定的承諾」の考え方をも踏まえ，患者本人から医療行為に対する明示的な同意を得られない場合における医療行為者の民事上及び刑事上の責任のあり方について，以下に敷衍して説明をしたいと思います。

（2）民事上の責任の考え方

　医療行為者の民事上の責任に関連し，ある裁判例では，判断能力が不十分で，脳血管造影のように患者の精神的緊張が症状に悪影響を及ぼすときは，特別の関係にある患者の近親者に対する説明とその承諾があれば，患者に説明しなくとも説明義務を懈怠したことにならないとしています[注5]。
　別の裁判例でも，精神科医が患者に病名を告知しないで投薬した行為について，保護者的立場にあって信用のおける家族に説明をすれば医師法20条の禁止行為には当たらず，不法行為（民法709条）の要件である違法性を欠くと判断しています[注6]。
　これらの裁判例は，本人の同意がない場合であっても家族の同意を得たような場合には，（そのように明言はしていないものの）推定的承諾が認められることから，本人の同意なき診療行為であっても違法ではないと判断しているように見えます。
　他方，別の裁判例ですが，脊椎麻酔をかけて手術中に卵巣嚢腫であることが判明したため，左右の卵巣を両方とも摘出することになるかもしれず，その場合子が産めなくなる旨を説明したところ，患者が「よろしくお願いします」と答えたため，全身麻酔に切り替えた後，左卵巣のみが嚢腫であるとともに子宮筋腫でもあることが判明したことから，患者

(注4) 山口厚『刑法総論』179頁（有斐閣，第3版，2016）
(注5) 東京地判平成元年4月18日判時1347号62頁
(注6) 千葉地判平成12年6月30日判タ1034号177頁

の姉に子宮摘出の必要性と子が産めなくなることを説明し、姉の承諾を得て、左卵巣と子宮の摘出を行ったという事案があります。この事案において、裁判所は、子宮摘出には患者本人の承諾が必要であり、姉の同意によって本人の同意に代えることはできないと判示し、説明義務に違反した違法な医療行為があったとして不法行為責任を認めています(注7)。

この裁判例にみられるように、手術前の患者本人の同意内容や範囲が明確である場合には（この裁判例のケースであれば卵巣摘出の範囲内で同意が存することが明確です）、手術中の近親者の承諾があるからといって、必ずしも推定的承諾が認められるというわけではありません。

以上の裁判例を総合すると、患者本人の同意の存在しない医療行為を行った場合の医療行為者の民事上の責任を考える上では、裁判例では確かに近親者や家族の同意を得ることを説明義務違反の有無に関する考慮要素の一つとはしているものの、それは必ずしも決定的なものではなく、手術前の患者本人の同意内容やその範囲、なされる医療行為の必要性や緊急性、その医療行為がもたらす身体的障害の有無やその内容・程度なども踏まえ、患者本人の推定的承諾が認められるかどうかを具体的に検討する姿勢であることがうかがわれます。

(3) 刑事上の責任の考え方

一方、刑法の学説上、治療行為が本人の同意なく行われた場合については、治療の目的で、推定的承諾のもとに、医学上一般に承認されている方法によってなされることが必要であると述べるものがあり、このような考え方が刑法学説の通説的な理解ではないかと思われます(注8)。

また、「治療行為については、一般の被害者の同意の場合とは異なり、医学的適応性、医術的正当性により担保される治療行為の客観的な利益増進性のために、『推定的同意』を援用した違法性阻却が認められやすい」とする見解もあります(注9)。

こうしたことからは、治療行為の刑法上の違法性阻却については、上記「利益増進性」、すなわち、治療行為が客観的に患者本人の健康を維持・回復するものであるかどうかを基本として考えるべきであり、仮に患者本人の同意の意思表明がなされていないような場合であっても、利

(注7) 広島地判平成元年5月29日判時1343号89頁
(注8) 福田平『注釈刑法(2)のⅠ　総則(2)』117頁（有斐閣、1968）
(注9) 山口厚『刑法総論』176頁（有斐閣、第3版、2016）

益増進性が認められる以上，推定的承諾の理論に基づいて違法性阻却をする余地があるということになると思われます。

もちろん，上記（2）に述べた民事裁判例の考え方と同様に，患者本人から現実に表示された意思の内容に反するような治療行為は，いくら利益増進性が認められるからといっても，推定的同意は認められないことになるでしょう。

（4）推定的承諾における家族や親族の同意

現在，手術に際して本人に意識がなく同意を得ることができない場合には，その家族から同意書面を取得することが一般に行われています。上記の議論を踏まえると，このような同意書面は法的にどのような位置付けとなるのでしょうか。

上記のとおり，民事上も刑事上も，推定的承諾があるといえるか否かについては，家族や親族の同意があるかという形式的な点よりも，むしろ，手術前の患者本人の同意内容や範囲も踏まえ，当該治療行為自体の性質（客観的な利益増進性を含む治療の必要性，緊急性，相当性など）に基づく患者本人の推定的承諾が認められる状況にあるかという点が重視されていると考えられます。その意味では，形式的に家族や親族の同意さえあれば医療行為者として責任を問われることはないというような考え方はむしろ危険であろうと思われます（注7の裁判例参照）。

以上を踏まえると，患者本人の同意を得られない状況下における医療行為に関する医療行為者の民事上・刑事上の責任を考える上では，患者の家族や親族の同意の有無は，医療行為者の責任の有無を決定づける基準とまではいえず，むしろ，治療行為自体の性質や，手術前の患者本人の同意がある場合にはその同意の範囲や内容に基づいて患者本人の推定的承諾が合理的に観念され得るかどうかを基準とし，そのような判断の中のあくまで一事情として，家族や親族等の患者本人と近い関係にある方々の同意の有無・内容について付随的に検討すれば足りるという考えるべきでしょう。

そして，患者本人の同意を推定する上で役に立たせるためという観点からは，ここでいう患者本人と近しい関係にある人物には，法律上の配

偶者や親族のみではなく，患者本人と同居するなどして共同生活を送っている同性パートナーも含めて差し支えないと考えます。

3　ご質問のケースについての検討

　ご質問のケースでは，脳梗塞の緊急手術を行おうとしています。一般に，脳梗塞の場合は可及的速やかに手術等の処置を行わなければ重篤な後遺症が残るおそれが高いとされていますので，手術の必要性や緊急性が高いといえ，類型的に，患者の推定的承諾が肯定されやすい場合といえるでしょう。

　ここで，病院として手術にあたり家族に同意書面を作成してもらうことが通例であるとしても，上述のとおり，家族に同意書面を作成してもらうこと自体に大きな法的意義はないと思われ，医療行為者の法的責任との関連で何らか意義があるとすれば，患者のことをよく知っている家族も治療方針に同意しているという事実をもって，より推定的承諾の存在が認められやすくなるということかと考えられます。

　ここで，確かに同性パートナーは戸籍上の親族ではありませんが，患者本人の法律上の配偶者と同程度に患者本人との関係は深く，同性パートナーによる同意があったことは，患者本人も同意したであろうという推定に役立つものと思われます。とすれば，同性パートナーが法律上の配偶者ではないという形式的な理由で同意書面への署名を拒否するよりも，むしろ当該同性パートナーから署名を取得することによって，上記推定がより働きやすくなるというメリットを確保しておくことが病院側としては合理的であるといえます。

4　厚生労働省のガイドライン

　この点，厚生労働省の「人生の最終段階における医療・ケアの決定プロセスに関するガイドライン　解説編」（2018年3月）では，「本人の意思が確認できない場合であって，家族等が本人の意思を推定できる場合には，その推定意思を尊重し，本人にとっての最善の方針をとることを基本とする」とされており，ここでいう「家族等」については，「今後，単身世帯が増えることも想定し，本人が信頼を寄せ，人生の最終段

階の本人を支える存在であるという趣旨ですから，法的な意味での親族関係のみを意味せず，より広い範囲の人（親しい友人等）を含みます」とされています。

　厚生労働省のガイドラインは法規範そのものとはいえませんが，同ガイドラインが上記のような記述を含んでいることは，上記2及び3に述べたような法律解釈の妥当性を側面から支えるものと理解できます。

5　取組例

　横須賀市の市立病院は，意識不明などで判断能力のない患者の手術の同意書の署名者として，同性パートナーも認めることとしています。ただし，「3年ほど一緒に過ごし，周囲からパートナーとして認められていること」が条件であり，その関係性は患者の家族に電話などで確認をとることとされています[注10]。

(注10) 2016年8月10日付け神奈川新聞

【同性パートナーに対する診療情報開示の可否】

Q16

当院（私立病院）に対して患者の同性パートナーであるという人物が患者の診療情報の開示を求めてきています。ケースⅠ・ケースⅡの各場合において，当院としてはどのように対応すればよいでしょうか。

Ⅰ．当院で亡くなった患者に係る診療経過や死亡原因等の診療情報の開示を求めている。

Ⅱ．当院に脳梗塞により意識不明状態で搬送されてきた患者についての安否情報や治療内容の説明を求めている。

なお，この人物は，患者の同性パートナーであることの証明として，「任意後見契約及びパートナーシップ合意契約に係る公正証書」と「任意後見契約に係る登記事項証明書」を持参されています。

A

ケースⅠ・Ⅱともに厚生労働省の指針が存在するところ，ケースⅠについては，同性パートナーも「患者の配偶者……に準ずる者」に該当することから，指針の定める要件を満たすと思われ，開示に応じるべきです。

また，ケースⅡについても，生活実態の聴取により，指針が定める「現実に患者の世話をしている」という要件を満たすことが確認できれば，開示に応じるべきでしょう。

解説

1 同性パートナーであることの証明として持参している資料

ご質問のケースにおいて患者の同性パートナーであるという人物は，「任意後見契約及びパートナーシップ合意契約に係る公正証書」と「任意後見契約に係る登記事項証明書」を持参していますので，まず，これらの資料の位置付けについてご説明します。

(1) 任意後見契約

まず，任意後見契約とは，「任意後見契約に関する法律」に基づき，本人の判断能力が不十分となったときの自分の生活，療養看護及び財産の管理に関する事務について，あらかじめ任意後見受任者に代理権を付与する委任契約です（同法3条）。この契約は，公証人によって，公正証書の形式をもって締結される必要があり（同条），これが締結された時点で，公証人を通じ，かかる契約を締結していることが法務局で登記されることになります。

その後，本人の判断能力が不十分な状態になった場合，本人，配偶者，四親等内の親族又は任意後見受任者の請求に基づき，家庭裁判所が任意後見監督人を選任した上で，任意後見人としての職務を開始することになります（同法2条4号，4条1項）。この場合，任意後見人となった者は，自己の代理権を証する登記事項証明書の発行を受けることができます。

(2) パートナーシップ合意契約

次に，パートナーシップ合意契約とは，法律に特段定めのある契約ではありませんが，同性カップルが，二人で共同生活を営む上での合意内容を契約の形にしたものです。上記任意後見契約とこのパートナーシップ合意契約を公正証書で作成し，これらを提示することは，例えば同性カップルでペアローンを受ける際の条件とされていたり，また，渋谷区のパートナーシップ証明書を発行してもらうための要件となっています。

パートナーシップ合意契約の内容については明確な決まりがあるわけ

ではありませんが，例えば渋谷区におけるパートナーシップ証明を受ける際の決まりとしては，合意契約の中に，①両当事者が愛情と信頼に基づく真摯な関係であること及び②両当事者が同居し，共同生活において互いに責任を持って協力し，及びその共同生活に必要な費用を分担する義務があることを記載することが必要とされています[注1]。

（3）公正証書からわかること

上記（1）及び（2）に記載したような内容が含まれる公正証書を作成している場合，一般的にいえば，患者とその同性パートナーであるという人物との間に，少なくとも，法律婚配偶者に準じる同性パートナーとして共同生活を送っている関係があるとみることができるでしょう。

以下の説明は，そのような関係があると確認できたことを前提とします。

2　ケースⅠ（亡くなった患者の診療情報の開示）
（1）個人情報保護法との関わり

まず，個人情報の保護に関する法律（以下，「個人情報保護法」）との関わりについてですが，そもそも「個人情報」とは生存する個人に関する情報に限られていますので（同法2条1項本文），死者の情報は同法の対象外ということになります。

（2）厚生労働省の指針

もっとも，厚生労働省による「診療情報の提供等に関する指針」（2003年9月策定，2010年9月改正）9項では，遺族に対する情報提供に関して，「診療記録の開示を求め得る者の範囲は，患者の配偶者，子，父母及びこれに準ずる者（これらの者に法定代理人がいる場合の法定代理人を含む。）とする」と，開示の範囲に一定の限界を設けています。よって，同指針にいう「患者の配偶者……に準ずる者」に同性パートナーが含まれるのか否かを考えなければなりません。

ここで，同指針は，基本的に，個人情報保護法上は保護の対象となっていない死者の情報であっても，遺族にとっては安易に第三者に開示さ

[注1] 渋谷男女平等・ダイバーシティセンター「渋谷区パートナーシップ証明　任意後見契約・合意契約公正証書作成の手引き」（平成29年4月）

れることを望まない性質のものであること，及び医療従事者の守秘義務の観点から，開示の範囲に一定の限界を設けたものと理解されます。もっとも，同指針は，「どのような事項に留意すれば医療従事者等が診療情報の提供等に関する職責を全うできると考えられるかを示すものであり，医療従事者等が，本指針に則って積極的に診療情報を提供することを促進するもの」とも述べていますので（同指針1項），医療従事者等の守秘義務を強調して保守的な運用を行うことを必ずしも前提としていないと理解することも可能でしょう。

かかる理解に基づくならば，遺族の診療記録の開示を求め得る者の範囲としての，「患者の配偶者……に準ずる者」とは，かかる者の典型例としての事実婚における異性配偶者に限られるものではなく，これに準ずる生活実態を有する同性パートナーをも含むものと解して差し支えないように思います。

(3) ご質問のケースについての検討

ご質問のケースにおける同性パートナーであるという人物は，上述のとおり死亡した同性パートナーと内縁関係に準ずる共同生活を送っていたといえるため，上記指針にいう「患者の配偶者に……準ずる者」に含まれるものと考えられます。したがって，開示に応じることは，厚生労働省の指針の文言を前提としたとしても可能と思われますし，むしろ，開示を拒絶することは同指針の趣旨に反するともいえると考えます。

なお，死亡した患者の戸籍上の親族から，同性パートナーに対する情報開示について異議が挟まれるおそれがないとはいえないため，同性パートナーが持参した任意後見契約書等の資料については，了承を得た上で，病院側で写しを保存しておくべきでしょう。

3　ケースⅡ（意識不明患者の診療情報の開示）

(1) 個人情報保護法との関わり

病院は，「個人情報データベース等を事業の用に供している者」などの諸要件に該当するでしょうから，「個人情報取扱事業者」（個人情報保護法2条5項本文）に該当し，また，診療情報も「個人情報」（同法2

条1項1号）に該当すると考えられます。

　個人情報取扱事業者としての病院は，本人の同意を得ることなく個人情報を本人以外の第三者に提供してはなりませんが（同法23条1項），「人の生命，身体又は財産の保護のために必要がある場合であって，本人の同意を得ることが困難であるとき」（同項2号）には例外的に情報提供が許されます。

　この点，ご質問のケースでは，当該患者は脳梗塞により意識不明状態であり，緊急手術の必要性もあると思われます。そのような中で，患者と密接な関係にある同性パートナーから手術に関する同意を取得する前提として当該同性パートナーに診療情報を開示することは，上記「人の生命……の保護のために必要がある場合であって，本人の同意を得ることが困難であるとき」に該当すると解するべきでしょう。この場合，病院側で治療方針を確定する上で，当該同性パートナーから，患者の生活状況など聴取する必要があることも多いと思われますので，その意味でも，そのような協力を得るための前提として行われる診療情報の開示につき，患者の生命の保護のための必要性が認められると考えます。

（2）厚生労働省の指針

　一方，上記厚生労働省の指針7項（2）4号によれば，診療記録の開示を求め得る者として「患者が成人で判断能力に疑義がある場合は，現実に患者の世話をしている親族及びこれに準ずる者」が挙げられていますが，「現実に患者の世話をしている」という要件が加重されている点で，ケースIにおける開示請求者の範囲よりも要件が厳しくなっています。

　これは，患者の判断能力に疑義があるとはいえ，存命の患者に関する診療記録は個人情報又はプライバシーとして法的保護の対象であることから，その開示については患者本人と密接な関係にある必要最小限度の者にのみこれを認めるべきであるとの考慮によるものと思われます。

（3）ご質問のケースについての検討

　ケースIにおいて述べたところと同様，同性パートナーであるという

人物が持参した書類によって,その人物が当該患者と共同生活を送っていることは確認できます。よって,上述のとおり生存している患者については要件が加重されていることを踏まえ,その同性パートナーが現実に患者の世話をしているという実態があるかどうかについて聴取するなどした上で,そのような実態があることが確認できる場合には,情報開示の求めに応じるべきでしょう。

　ご質問のケースでは,当該同性パートナーは,患者が脳梗塞により緊急入院したとの報を聞いて急遽病院に駆け付けた人物であり,その事実に加えて,聴取の限り確かに当該患者と同居するなどによりその身辺の面倒を現にみているというようであれば,「現実に患者の世話をしている」という要件を満たすことになるものと考えます。

第5章

社内規程改定例

1 はじめに

　日本においては，これまで，セクシュアル・マイノリティの人々が抱える様々な職場問題について十分な認識と理解がなかったために，セクシュアル・マイノリティである社員らにおいて精神的な苦痛を受けることが多々あったものの，そのような状況について会社側の問題として取り上げられることは少なかったといえます。

　こうした状況を可視化すると同時に，会社内におけるセクシュアル・マイノリティの社員らに対する意識的・無意識的な様々のハラスメントを防止するために，各社が，これを自らの問題として意識し，社内の各種規程について所要の措置を規定・改定することによりセクシュアル・マイノリティの社員に関する社内制度上の扱いを明記することは大変有益です。

　そこで本章においては，会社における社内規程の改定作業に役立つ資料を提供することを目的として，社内規程の類型ごとに，規定案を検討します。

2 企業倫理憲章

　近年，多くの大企業は，コンプライアンスの遵守により企業不祥事を起こさないことを重要な目的の一つとし，そのために，「企業倫理憲章」等の企業の保持すべき倫理を具体的に記述した文書を作成してホームページ等で発表しています。これは，企業が実践しなければならない倫理的目標について対外的に表明しようとするものですが，その中には，社員らの様々な価値観，ダイバーシティを尊重するための文言が存在することが少なくありません（例えば，「当グループは社員の多様性，人格，個性，価値観を尊重する」といった類のもの）。

　しかし，上記のようなごく一般的な文言のみでは，会社のセクシュアル・マイノリティ対応の姿勢の表明としては画竜点睛を欠くという感を免れません。

また，倫理憲章のような株主，取引先，顧客及び消費者の目に触れやすい文書において，自社が経営方針としてセクシュアル・マイノリティ対応を明示的に掲げていることを明らかにすることは，社外に対するメッセージにもなります。
　これに関して，例えば，セクシュアル・マイノリティ対応に関して先駆的な取組みを導入している野村グループは，「野村グループ倫理規程」としてその12条に以下の規定を置いています（野村グループホームページより）。

【規定例】

> 「野村グループは，人権，多様性，異なる価値観を尊重し，野村グループと関係を持つ全ての人々に対し，いかなる場合においても敬意をもって接するものとする。また，国籍，人種，民族，性別，年齢，宗教，信条，社会的身分，<u>性的指向</u>，<u>性同一性</u>，障がいの有無等を理由とする，一切の差別やハラスメント（いやがらせ）を行わないものとする。」

　上記において下線を付した部分が正に，会社におけるセクシュアル・マイノリティ対応に係る姿勢を端的に示すものであり，単に「性別」による差別やハラスメントを許容しないというのみならず，「性的指向」や「性同一性」（性自認）による差別等も許容しないことを明示することで，同グループの姿勢を端的にうかがうことができる規定となっています（なお，野村グループに限らず，上記のようなセクシュアル・マイノリティ対応を視野に入れた倫理憲章を有する会社・団体は，近時，相当数に上っています）。
　倫理憲章は，各社コンプライアンス対応におけるいわば憲法というべきものであり，もとより画一的な雛形によって形式的に作成することに馴染むものではないため，ここでもあえてサンプルという形では提示しませんが，前述した倫理憲章の重要性に鑑みて，各社におけるセクシュアル・マイノリティ対応の具体化にあたっては，例えば上記のような実

際の文言例を参照しつつ，一度自社の倫理憲章の内容を見直してみることをお勧めします。

3 就業規則

(1) はじめに

　会社内部における社内規程として，労務管理上最大の重要性を有するのは，いうまでもなく就業規則です。就業規則は，労働基準法89条に従い，常時10人以上の労働者を使用する使用者において作成の上，所轄の労働基準監督署に届け出をすることを要するものですが，会社と社員との間の労働契約上の法律関係の多くは，この就業規則の規定内容によって定まるものである以上，会社のセクシュアル・マイノリティ対応の実践にあたっては，まずこの就業規則の関連個所を見直すことが必須となります。

　以下では，一般的に就業規則において存在すると思われる条項の類型に即して，改定案を検討したいと思います。

(2) 差別的取扱い禁止のための条項

　労働基準法3条は，「使用者は，労働者の国籍，信条又は社会的身分を理由として，賃金，労働時間その他の労働条件について，差別的取扱をしてはならない」と明記しており，一定の事由に基づいた差別を行うことは，労働基準法によって禁止されているほか，「雇用の分野における男女の均等な機会及び待遇の確保等に関する法律」（以下，「雇用機会均等法」）5条においては性別による差別が禁止され，「障害者の雇用の促進等に関する法律」35条では，障害があることによる差別が禁止されています。

　こうした法制度のありようからは，会社と社員との間の労働契約関係を規律する就業規則においても，差別的な取扱いを禁止するための条項を設けることが適切といえますが，セクシュアル・マイノリティ対応を推し進める会社においては，現行の法律において明記されている上記のような事由に基づく差別的な取扱いだけではなく，更に一歩進んで，性

的指向・性自認を理由とする差別も含めた禁止条項を設けることを検討したいところです。

より具体的には，下記のような規定を新設することが考えられます。

【規定例】

> 「会社は，社員の労働条件等に関して，国籍・人種・民族・社会的身分・宗教・信条・性別・<u>性的指向・性自認</u>・障がい等を理由とした一切の差別を行ってはならない。」

こうした条項の存在により，性的指向や性自認を理由とした，昇進・昇格や，配転・出向等の局面における差別や，その他ハラスメント的な行動が包括的に禁止されるわけですが，より具体的に差別禁止を実現するための会社側の取組み内容については，以下に詳述するとおり，就業規則その他の規程における各条項において，定められることになります。

(3) 勤　務

育児休業，介護休業等育児又は家族介護を行う労働者の福祉に関する法律（以下，「育児・介護休業法」）19条及び20条においては育児又は家族介護を行う社員の深夜勤務の制限に関する定めが，同法16条の8及び9においては所定外労働の制限の定めが，同法17条及び18条においては時間外勤務の制限の定めがそれぞれ存在し，これらを受けて，就業規則においても同趣旨の規定が設けられるものと思います。

もっとも，同法における「子」とは実子又は養子を意味し（同法2条1号），同法における「配偶者」には法律上の配偶者のほか事実上婚姻関係と同様の事情にある者を含むとするものの（同法2条4号），同性パートナーまで念頭に置いた定義とはなっていないため，就業規則中の諸規定に関しても，セクシュアル・マイノリティ対応という観点からの目配りまではないことが通常かと思われます。

また，労働基準法67条においては，生後満1年に達しない生児を育てる女性について育児時間の請求を認めており，就業規則においてもこ

れと同様の規定が設けられることが通常ですが，同性カップルにおいて子を事実上養育するようなケース（例えば，一方の同性パートナーの実子を共に育てている場合など）を考えると，上記法律の規定に則った規定を就業規則中に設けるのみでは不十分であるともいえます。

よって，上記観点からこれらの規定に適切な改定を加えるのであれば，例えば下記のような規定を追記することが考えられます。

【規定例】

> （育児・介護を理由とする勤務制限を定める章の中で「配偶者」「子」という文言が最初に用いられる条項又はそれらの定義が規定される条項において，当該文言に引き続き，下記を追記する）
> 「なお，本章において『配偶者』とは，異性であるか同性であるかを問わず，事実上婚姻関係と同様の事情にある者を含むものとする。」
> 「なお，本章において『子』とは，事実上，養子縁組関係と同様の事情にある者を含むものとする。」
>
> （育児時間を定める条項について下線部を追記する）
> 「生後満1年に達しない生児<u>（事実上，養子縁組関係と同様の事情にある者を含む。）</u>を育てる社員（男性と女性の別を問わない。）が，あらかじめ申し出た場合は，休憩時間のほか，1日2回，それぞれ30分の育児時間を取得できる。」

なお，ここで使用している「事実上婚姻関係と同様の事情にある者」という言い回しは，例えば，育児・介護休業法2条4号などにおいて，事実婚の異性カップルのことを指すものとして使用されているものであり，また，「事実上，養子縁組関係と同様の事情にある者」という言い回しは，国民年金法39条3項3号などで使用されているものです。

（4）休業・休職・休暇

　会社におけるセクシュアル・マイノリティ対応の観点からは，休業・休職・休暇に関する諸規程についても，適切な改定を行うことが望まれます。

　例えば，生物学的な性別（身体的な性別）と自認する性別とが異なる状況にあるいわゆるトランスジェンダーの社員が，性別適合手術を行うために一定期間の休職を余儀なくされる場合，多くの会社の就業規則における休職の規定において，いずれの休職事由に該当するか（例えば単なる「私事休職」なのか，「私傷病休職」なのか），必ずしも明らかではないことが通常かと思われます。このため，上記事由による休職を申し出た場合に，一般の私事休職に該当すると判断されれば，私傷病休職の制度を用いた場合と比較して，休職制度利用の要件，休職期間，傷病手当等に関して不利な取扱いを受ける可能性もあるでしょう。

　また，多くの会社の就業規則の休暇・休業の規定では，例えば，積立休暇，慶弔休暇，育児休暇・休業，看護休暇，介護休暇・休業等において，事実婚状態にある同性パートナーや，同性カップル間で養育をしている子の存在を想定した文言とはなっていないことが考えらます。

　上記のような休業・休職・休暇に関しては，就業規則のほかに，別途傷病休職規程，育児休業規程，介護休業規程といった諸規程を設けることが一般的であるため，それらの諸規程に対する改定も必要となりますが，就業規則上の規定に対しても，例えば次のような追記を施しておくことが有益です。

【規定例：傷病休職について】

> （傷病休職を定める条項において，傷病の定義として下記を新設する）
> 「本条第○項にいう『傷病』には，性別違和ないし性同一性障害を抱える者において医学上の治療を要する状態をも含むものとする。」

【規定例：積立休暇について】

(積立休暇を定める条項において，積立休暇を使用できる事由として下記を新設する)
「積立休暇は，以下の事由について使用することができる。……
・性別違和ないし性同一性障害を抱える者において医学上の治療を要する場合」

【規定例：休業・休職・休暇について】

(休業・休暇・休職を定める章の中で「配偶者」「子」という文言が最初に用いられる条項又はそれらの定義が規定される条項において，当該文言に引き続き，下記を追記する)
「なお，本章において『配偶者』とは，異性であるか同性であるかを問わず，事実上婚姻関係と同様の事情にある者を含むものとする。」
「なお，本章において『子』とは，事実上，養子縁組関係と同様の事情にある者を含むものとする。」

(5) 服務規律

① 就業規則における服務規律に関する章には，通常，社員の会社での服務に関する原則が定められるほか，社員の勤務に関して遵守すべき事項を箇条書きで列挙した条項が「遵守事項」等のタイトルの下に設けられるのが一般です。

そして，こうした服務規律に関する条項として，雇用機会均等法11条1項の要請に応えるために，「セクシュアル・ハラスメントの禁止」のための条項が存在することが通常かと思われますが，セクシュアル・ハラスメント関連におけるセクシュアル・マイノリティ対応は，どのように進めるべきなのでしょうか。

まず，厚生労働省の指針（平成28年8月2日厚労省告示314号）においては，「職場におけるセクシュアルハラスメントには，同性に対するものも含まれるものである。また，被害を受けた者……の性的指

向又は性自認にかかわらず，当該者に対する職場におけるセクシュアルハラスメントも，本指針の対象となる」とされており，また，2018年1月改正にかかる厚生労働省の「モデル就業規則」においても，その15条に，「性的指向・性自認に関する言動によるものなど職場におけるあらゆるハラスメントにより，他の労働者の就業環境を害するようなことをしてはならない」との規定が設けられています。

次に，国家公務員に関するものですが，人事院規則10-10（セクシュアル・ハラスメントの防止等）2条にはセクシュアル・ハラスメントの定義（「他の者を不快にさせる職場における性的な言動及び職員が他の職員を不快にさせる職場外における性的な言動」）が規定されているところ，これに関し「人事院規則10－10（セクシュアル・ハラスメントの防止等）の運用について」（平成10年11月13日職福－442）は，その「第2条関係」3項において「この条の第1号の『性的な言動』とは，性的な関心や欲求に基づく言動をいい，性別により役割を分担すべきとする意識又は性的指向若しくは性自認に関する偏見に基づく言動も含まれる」とした上で，別紙1・3項において「セクシュアル・ハラスメントになり得る言動として，例えば，次のようなものがある」「③　性的指向や性自認をからかいやいじめの対象とすること」としており，官民を問わず，性的指向や性自認に関する偏見に基づく言動がセクシュアル・ハラスメントに該当するものであることは，現在当然に認められているところです。

以上を踏まえれば，一般の会社においても，セクシュアル・マイノリティ対応を視野に入れた形でのセクシュアル・ハラスメントを防止するための規定が存在していることがやはり必要というべきです。

なお，上記に加え，社員の性的指向や性自認を当該社員の同意を得ずに詳らかにすること（アウティング）は，当該社員の精神的平穏を害し，就業にも困難を生じさせるおそれがあるという意味において，様々な悪影響を及ぼす行為というべきであり，こうした行為についても，セクシュアル・ハラスメントの一環として，これを行わないことが就業規則上明記されているべきでしょう。

上記に対応するため，セクシュアル・ハラスメントの禁止に関する

規定文言（典型的には，「社員は，職場の内外における性的な言動によって，良好な職場環境や規律を乱したり，他の社員の就業を妨げるなどの行為をしてはならない。」といったもの）に，以下のような文言（なお書き）を追記することが考えられます。

【規定例】

> 「なお，『性的な言動』とは，性的な関心や欲求に基づく言動をいい，性別により役割を分担すべきとする意識又は性的指向若しくは性自認に関する偏見に基づく言動も含まれるものとする。また，本項（本号）の規定は，性的な言動の相手方の性的指向・性自認の状況にかかわらず適用され，異性に対するものだけでなく同性に対するものについても適用されるものとする。自ら知り得た他の社員の性的指向・性自認の状況につき，当該社員の同意を得ずに，これを第三者に対して明らかにしたときも本項（本号）の行為がなされたものとする。」

② 次に，服務規律に関する条項には，一般に，制服の着用を義務付けている会社においては，その旨の規定文言が存在するでしょうし（典型的には，「職場においては，会社の所定の制服を着用すること」といったもの），また，そのような制服着用の義務がない会社においても，少なくとも「会社の社員にふさわしい身だしなみの保持に努めること」といった類の規定が存在するのが通常です。

　ここで問題となるのは，トランスジェンダーの社員が自認する性別に応じた服装や制服を着用するに際し，上記のような規定が障害となるおそれがあるという点です。

　すなわち，会社における適切なセクシュアル・マイノリティ対応の観点からは，自認する性別に応じた服装や制服を着用して就業をした結果，服務規律違反（ひいては懲戒事由）となってしまうような事態は避けるべきであり，そのためには上記のような規定に，例えば以下のような文言（ただし書き）を追記することが考えられます。

【規定例】

> 「ただし，社員より，自認する性別に基づいた制服（服装）を着用したいとの申出がなされた場合，会社は合理的な理由のある場合を除きこれを認めなければならず，もし会社が不合理にこれを拒絶したときに当該社員が自認する性別に基づいて制服（服装）を着用したとしても，本項（本号）の違反に該当しないものとする。」

(6) 懲　戒

　就業規則においては通常，懲戒について定めた章が存在しますが，ここでは，あらかじめ懲戒の種別及び事由を定めることによって，社員にこれを周知しておく必要があります（最判平成15年10月10日集民211号1頁）。

　一般的には，懲戒事由には，服務規律に違反した場合のほか，業務上の不正・違法行為や無断欠勤のあった場合等が規定されることになります。

　前述のように，セクシュアル・ハラスメントを禁止する服務規律について，セクシュアル・マイノリティ対応の見地から追記を行っていれば，それに反する行為は，服務規律を介して，懲戒事由に該当することになります。

(7) 健康診断等

　労働安全衛生法66条1項並びに労働安全衛生規則43条及び44条においては，事業者に対し，社員を雇い入れた際や，また，その後においても定期的な健康診断を実施する義務が課せられています。このような健康診断については，就業規則においても明記し，社員（労働安全衛生法66条5項により，法律上当該健康診断を受診すべき義務があります）に対してもこれを受診すべきことを周知することが通常です。

　もっとも，トランスジェンダーの社員については，自らの生物学的な性別（身体的な性別）と自認する性別とが異なっているために，生物学的な性別（身体的な性別）に応じた担当医の割当に対し拒否感や違和感を抱くことがあるかもしれません。会社としては，そのような社員の個

別的なニーズに応じるべく，健康診断実施に関する条項中に，以下のような条項を新設することが考えられます。

【規定例】

> 「社員より，性自認の状況に基づいて，健康診断の受診態様に関する個別的な要請がなされた場合，会社はこれに対して必要かつ合理的な配慮を行わなければならない。」

（8）福利厚生

多くの会社においては福利厚生の制度を定めており，その中で，慶弔金等の支給を行うものとしています。これらについては，就業規則の中で定められることもあれば，別途，「慶弔見舞金規程」や「賃金規程」等において定められることもあるでしょう。

上記（4）「休業・休職・休暇」について述べたところとも重なりますが，事実婚状態にある同性パートナーや，同性パートナーとの間で事実上養育している子があるようなケースには対応しておらず，家族の多様性を反映し切れていない規程となっていることが一般的ではないかと思われます。

そこで，これに対処するのであれば，例えば下記のようなものが考えられるでしょう。

【規定例】

> （慶弔金等を定める条項中，「配偶者」「子」という文言が最初に用いられる条項又はそれらの定義が規定される条項において，当該文言に引き続き，下記を追記する）
> 「なお，本章において『配偶者』とは，異性であるか同性であるかを問わず，事実上婚姻関係と同様の事情にある者を含むものとする。」
> 「なお，本章において『子』とは，事実上，養子縁組関係と同様の事情にある者を含むものとする。」

4 就業規則以外の諸規程

(1) 賃金規程

　労働基準法89条により，賃金に関する事項については就業規則の絶対的な規定事項とされていますが，賃金の定めの内容は多岐にわたることが多いため，形式上，就業規則とは別個の賃金規程（又は給与規程）を設けることによって詳細を規定するのが通常です。

　この点，多くの会社の賃金規程においては，家族手当等の名称で，扶養家族が存在する社員に対する特別の手当てが定められていることがありますが，セクシュアル・マイノリティ対応の観点からは，下記のような文言を追記することが望ましいといえます。

【規定例】

> 「なお，本条の『配偶者』とは，異性であるか同性であるかを問わず，事実上婚姻関係と同様の事情にある者を含むものとする。」
> 「なお，本条の『子』には，事実上，養子縁組関係と同様の事情にある者を含むものとする。」

(2) 退職金規程

　退職金制度については，これを設けるかは各社の任意であるものの，設けるとすれば，労働基準法89条3号の2により，退職金に関する事項を就業規則に定める必要があります。

　ここで，社員が死亡した場合の退職金の受給権者については，就業規則等において民法の遺産相続の順位によらず労働基準法施行規則42条及び43条の順位による旨を定めても違法ではないとされており（昭和25年7月7日基収1786号），退職金規程において，民法の遺産相続人の範囲とは異なる遺族の範囲を定めることが可能です。

　そしてもし，退職金を受け取ることができる遺族の範囲について上記労基法施行規則42条及び43条の遺族補償に係る規定を準用するものと

すれば，第1順位として社員の配偶者（婚姻の届出をしなくとも事実上婚姻と同様の関係にある者を含む），それ以降の順位として，社員の子を含む親族らとなります。しかし，上記「配偶者」につき同性パートナーを含むとまで解されるかは疑義があり，また，現実に養育をしていたとしても法律上の実子又は養子ではない同性パートナーの子が上記「子」に該当するかといえば，これも疑義が生じるところです。

そこで，退職金規程の該当条項に，下記のような規定を設け，同性パートナー及び同性パートナーとの間で事実上養育する子においても退職金を受給できるような扱いを採用することが望ましいでしょう。

【規定例】

> （死亡退職の場合における退職金を受給できる遺族の範囲を定める条項において，引き続き下記を追記する。）
> 「かかる遺族の範囲及び順位については，労働基準法施行規則第42条及び第43条の定めるところによる。なお，ここで『配偶者』とは，異性であるか同性であるかを問わず，事実上婚姻関係と同様の事情にある者を含むものとし，『子』とは，事実上，養子縁組関係と同様の事情にある者を含むものとする。」

（3）単身赴任規程

会社においては，事務所間の異動を命じられた社員においてその家族を連れて引越しすることができず，いわゆる単身赴任となる場合に，その取扱いを定めるための単身赴任規程が存在することが一般と思われます。

その中では，例えば，社員本人と同居している家族について，単身赴任先に帯同することが困難な事情が存在することがある場合をやむを得ない事由と定め，そのようなやむを得ない事由がある場合にはこれを単身赴任として，単身赴任手当や交通費を支給したり，単身赴任先での社宅を貸与したりすること等が定められることになります。

ただ，一般的な単身赴任規程においては，同性パートナーや，同性パ

ートナーとの間で事実上養育する子について視野に入れていないことが多いと思われるため，そうした場合には，下記のような規定を設けることによって，単身赴任規程の適用に関しても，同性パートナー及び同性パートナーとの間で事実上養育する子について，法律婚の状態にある配偶者及び法律上の子と同様の取扱いが可能となるように配慮することが望ましいでしょう。

【規定例】

> （単身赴任規程の適用事由を定める条項中，「配偶者」「子」という文言が最初に用いられる条項又はそれらの定義が規定される条項において，当該文言に引き続き，下記を追記する）
> 「なお，ここで『配偶者』とは，異性であるか同性であるかを問わず，事実上婚姻関係と同様の事情にある者を含むものとし，『子』とは，事実上，養子縁組関係と同様の事情にある者を含むものとする。」

(4) 借上社宅管理規程

会社においては借上社宅の制度を設けているところも多く，そうした会社では，借上社宅管理規程等の名称による社内規程を有していることが一般です。

こうした借上社宅に関する社内規程においては，入居者の入居資格ないし同居人の制限に関する規定が存在し，例えば，社員の配偶者及び扶養家族以外の者は入居することができないといった規定が定められていることが通常と思われます。

会社におけるセクシュアル・マイノリティ対応の観点からは，法律上の配偶者及び扶養家族のみに入居資格を制限することは適切とはいえないため，借上社宅管理規程における入居資格ないし同居人制限に関する規定に，下記のような文言を追記することが考えられます。

【規定例】

> 「なお，本条の『配偶者』とは，異性であるか同性であるかを問わず，事実上婚姻関係と同様の事情にある者を含むものとする。」
> 「なお，本条の『子』には，事実上，養子縁組関係と同様の事情にある者を含むものとする。」

（5）その他の就業規則を補完する諸規程

　育児・介護休業，看護休業等は，労働基準法89条に定める就業規則の絶対的必要記載事項である「休暇」に該当するため，就業規則に規定されることが多いでしょうが，その内容が多岐にわたる場合に，形式上の就業規則とは別個の育児・介護休業等規程を設けることによって詳細を規定することがあり得ます。その場合におけるセクシュアル・マイノリティ対応の観点からの規定の改定方法については，基本的には既に就業規則の該当部分において述べたところと同様ですので，そちらをご参照下さい。

　なお同様に，就業規則外において，慶弔見舞金規程，傷病休職規程等を設ける場合についても，これらの規程の改定方法としては既に就業規則の該当部分において述べたところが妥当しますので，そちらをご参照下さい。

5　パートタイム・契約社員・嘱託社員等就業規則

　正社員に関する就業規則とは別に，アルバイトやパートタイマーといった社員のための就業規則を作成している会社については，正社員の就業規則に関して述べたところと同様のセクシュアル・マイノリティ対応を反映させた就業規則へと改定することが必要となります。

　個別的には，就業規則に関して述べたところを参照いただければと思いますが，多くの範囲で，正社員に関する就業規則とパラレルな諸規程（規定）が存在しているはずですから，適宜の改定を行うことが望まれ

ます。

6 同性パートナー等登録規程

上述してきたように，社員の同性パートナーや，同性パートナーとの間で養育し，事実上，養子縁組と同様の事情にある子については，各規程の適用上その都度判断する方法もあるでしょうが，一方で，全ての規程類の適用上統一的にこれら同性パートナー等を法律上の配偶者や子と同一に取り扱うものとするための同性パートナー等の登録手続について，別途の規程として整備しておくことも利便性の高い方法と考えられます。

こうした見地から同性パートナー等の登録規程の案文を検討したものが，以下となります。各社の事情に応じて，適宜アレンジして活用いただければ幸いです。

【規程例】

同性パートナー等登録規程

第1条　目的

本同性パートナー等登録規程（以下「本規程」という。）は，会社が別途定める下記の各規程（以下「対象規程」という。）において，社員の同性パートナーを法律上の配偶者と同様に扱い，また，かかる同性パートナーとの間で養育し，事実上，養子縁組と同様の事情にある者を法律上の子と同様に扱うことを実現することを目的とする。

【本規程の適用対象となる各規程】
・「就業規則」
・「慶弔見舞金規程」
・「育児・介護休業等規程」
・「賃金規程」
・「退職金規程」
・「単身赴任規程」

・「借上社宅管理規程」
・「パートタイム・契約社員・嘱託社員等就業規則」
……等々

第2条　登録の申出

1　社員は，対象規程の適用上，法律上の婚姻関係にない同性パートナーに関して法律上の配偶者と同様の取扱いを受け，また，かかる同性パートナーとの間で養育し，事実上，養子縁組と同様の事情にある者に関して法律上の子と同様の取扱いを受けるために，かかる同性パートナー及び事実上養子縁組と同様の事情にある者（以下併せて「同性パートナー等」という。）の登録を，人事部長に対して申し出ることができる。

2　前項に基づく社員の申出は，以下の各書類を社員から人事部長に提出することによって行うものとする。
　（1）登録申出書
　（2）同性パートナー等と同居をしていることに関する証憑書類
　　　（住民票を含むがこれに限られない）

第3条　登録の審査

　人事部長は，前条に基づく登録の申出につき，かかる登録の申出が虚偽に出たものでないかどうかを確認する観点からの審査を行うものとし，虚偽がないと認めた場合，当該登録の申出に係る同性パートナー等を，当該社員の同性パートナー等として登録する。なお，必要に応じて，人事部長から当該社員に対して口頭そのほかの方法による質問を行うことを妨げない。

第4条　登録の効果

　本規程に基づいて同性パートナー等の登録が完了した場合，以後当該社員に対する対象規程の適用に関し，当該対象規程における「配偶者」は「同性パートナー等登録規程に基づいて登録の完了した同性パートナー」に，また，対象規程における「子」は「同性パ

ートナー等登録規程に基づいて登録の完了した事実上養子縁組と同様の事情にある者」に，それぞれ読み替えるものとする。

第5条　審査上の留意事項

人事部長は，第2条に基づく登録の申出に係る一切の情報は機微情報に該当するものであることから，かかる情報に接することができる者を業務上の必要性のある人事部内の特定の社員のみに限定するほか，関連部署以外にかかる情報が漏えい・開示されないよう十分に注意を払うものとする。

第6条　登録情報の利用

会社は，第3条に基づき登録がなされた社員の同性パートナー等に関する情報を，対象規程において社員の同性パートナー等を法律上の配偶者又は子と同様に扱うことを実現するためのみに利用するものとし，それ以外の目的（人事考課や懲戒処分等の判断を含むがこれに限られない）に用いてはならない。

7 規定例リスト

以下では，上述した就業規則等の社内規程に関する規定改定案（同性パートナー等登録規程を除く）について一覧表としたものを掲げます。規程類の改定漏れがないかどうかのチェックにご活用ください。

改定事項	規定例
①差別的取扱いの禁止について	就業規則中の差別禁止条項に，下記下線部の文言を追記する 「会社は，社員の労働条件等に関して，国籍・人種・民族・社会的身分・宗教・信条・性別・<u>性的指向・性自認</u>・障がい等を理由とした一切の差別を行ってはならない。」
②育児又は家族介護を理由とする勤務制限について	イ　育児・介護を理由とする勤務制限を定める章の中で「配偶者」「子」という文言が最初に用いられる条項又はそれらの定義が規定される条項において，当該文言に引き続き，下記を追記する 「なお，本章において『配偶者』とは，異性であるか同性であるかを問わず，事実上婚姻関係と同様の事情にある者を含むものとする。」 「なお，本章において『子』とは，事実上，養子縁組関係と同様の事情にある者を含むものとする。」 ロ　育児時間を定める条項において，下記下線部を追記する 「生後満１年に達しない生児<u>（事実上，養子縁組と同様の事情にある者を含む。）</u>を育てる社員（男性と女性の別を問わない。）が，あらかじめ申し出た場合は，休憩時間のほか，１日２回，それぞれ30分の育児時間を取得できる。」

③休業・休職・休暇について	イ　傷病休職を定める条項において，傷病の定義として下記を新設する 「本条第○項にいう『傷病』には，性別違和ないし性同一性障害を抱える者において医学上の治療を要する状態をも含むものとする。」 ロ　積立休暇を定める条項において，積立休暇を使用できる事由として下記を新設する 「積立休暇は，以下の事由について使用することができる。…… ・性別違和ないし性同一性障害を抱える者において医学上の治療を要する場合」 ハ　休業・休職・休暇を定める章の中で「配偶者」「子」という文言が最初に用いられる条項又はそれらの定義が規定される条項において，当該文言に引き続き，下記を追記する 「なお，本章において『配偶者』とは，異性であるか同性であるかを問わず，事実上婚姻関係と同様の事情にある者を含むものとする。」 「なお，本章において『子』とは，事実上，養子縁組関係と同様の事情にある者を含むものとする。」

④服務規律について	イ　セクシュアル・ハラスメントの禁止に関する規定文言に，下記を追記する 「なお，『性的な言動』とは，性的な関心や欲求に基づく言動をいい，性別により役割を分担すべきとする意識又は性的指向若しくは性自認に関する偏見に基づく言動も含まれるものとする。また，本項（本号）の規定は，性的な言動の相手方の性的指向・性自認の状況にかかわらず適用され，異性に対するものだけではなく同性に対するものについても適用されるものとする。自ら知り得た他の社員の性的指向・性自認の状況につき，当該社員の同意を得ずに，これを第三者に対して明らかにしたときも本項（本号）の行為がなされたものとする。」 ロ　制服の着用を義務付けている会社において，その旨の規定文言に以下のような文言（ただし書き）を追記する 「ただし，社員より，自認する性別に基づいた制服（服装）を着用したいとの申出がなされた場合，会社は合理的な理由のある場合を除きこれを認めなければならず，もし会社が不合理にこれを拒絶したときに当該社員が自認する性別に基づいて制服（服装）を着用したとしても，本項（本号）の違反に該当しないものとする。」

⑤健康診断等について	健康診断実施に関する条項中に，下記を新設する 「社員より，性自認の状況に基づいて，健康診断の受診態様に関する個別的な要請がなされた場合，会社はこれに対して必要かつ合理的な配慮を行わなければならない。」
⑥福利厚生について	慶弔金等を定める条項中，「配偶者」「子」という文言が最初に用いられる条項又はそれらの定義が規定される条項において，当該文言に引き続き，下記を追記する 「なお，本章において『配偶者』とは，異性であるか同性であるかを問わず，事実上婚姻関係と同様の事情にある者を含むものとする。」 「なお，本章において『子』とは，事実上，養子縁組関係と同様の事情にある者を含むものとする。」
⑦賃金規程について	家族手当等の名称で，扶養家族が存在する社員に対する特別の手当てが定められている場合，その旨の規程に下記を追記する 「なお，本条の『配偶者』とは，異性であるか同性であるかを問わず，事実上婚姻関係と同様の事情にある者を含むものとする。」 「なお，本条の『子』には，事実上，養子縁組関係と同様の事情にある者を含むものとする。」

⑧退職金規程について	死亡退職の場合における退職金を受給できる遺族の範囲を定める条項において，下記を追記する 「かかる遺族の範囲及び順位については，労基法施行規則第42条及び第43条の定めるところによる。なお，ここで『配偶者』とは，異性であるか同性であるかを問わず，事実上婚姻関係と同様の事情にある者を含むものとし，『子』とは，事実上，養子縁組関係と同様の事情にある者を含むものとする。」	
⑨単身赴任規程について	単身赴任規程の適用事由を定める条項中，「配偶者」「子」という文言が最初に用いられる条項又はそれらの定義が規定される条項に，下記を追記する 「なお，ここで『配偶者』とは，異性であるか同性であるかを問わず，事実上婚姻関係と同様の事情にある者を含むものとし，『子』とは，事実上，養子縁組関係と同様の事情にある者を含むものとする。」	
⑩借上社宅管理規程について	借上社宅管理規程における入居資格ないし同居人制限に関する規定に，下記を追記する 「なお，本条の『配偶者』とは，異性であるか同性であるかを問わず，事実上婚姻関係と同様の事情にある者を含むものとする。」 「なお，本条の『子』には，事実上，養子縁組関係と同様の事情にある者を含むものとする。」	

執筆者一覧

弁護士法人 東京表参道法律事務所

〒150-0001　東京都渋谷区神宮前五丁目51番6号　テラアシオス青山5階
Tel：03-6433-5202　Fax：03-6433-5203　URL：http://tokyo-omotesando.jp/
＊研修・セミナーの依頼，法律相談など，お気軽にお問合せ下さい。

【編著者】

寺原 真希子（てはら・まきこ）　弁護士（日本・ニューヨーク）

東京大学法学部卒業後，長島・大野・常松法律事務所，メリルリンチ日本証券株式会社勤務を経て，弁護士法人東京表参道法律事務所共同代表。日本弁護士連合会「LGBTの権利に関するプロジェクトチーム」，LGBT支援法律家ネットワーク所属。
〈主な著作・論文等〉
「セクシュアル・マイノリティの法的問題」（ぎょうせい『法律のひろば』2016年7月号），DVD『顧問先に伝えたい　LGBT対応の企業取組み実践例』（レガシィ），『セクシュアル・マイノリティの法律相談』（ぎょうせい・共著）など，セクシュアル・マイノリティ（LGBT）に関する著作・論文，研修講師経験多数。

榎本 一久（えのもと・かずひさ）　弁護士（日本・ニューヨーク）

日本大学法学部卒業後，都内法律事務所，リーマン・ブラザーズ証券株式会社勤務を経て，弁護士法人東京表参道法律事務所共同代表。不動産鑑定士・日本公認会計士協会準会員（公認会計士試験合格者）。
〈主な著作・論文等（いずれも共著）〉
『実務解説　ゴルフ場事件判例－裁判例から読み解くゴルフ場の法律実務と運営対策』（青林書院），『役員退職慰労金規程の作り方と留意点』（中央経済社），「事例に学ぶ民事再生法の活用術」（連載・経済法令研究会『銀行法務21』），「労働事件における国際裁判管轄条項の有効性について」（有斐閣『ジュリスト』）

【執筆者】

岸本 英嗣（きしもと・ひでつぐ）　弁護士
東京大学法学部卒業，首都大学東京大学院社会科学研究科法曹養成専攻修了

岡田 拓実（おかだ・たくみ）　弁護士
慶應義塾大学法学部法律学科卒業，上智大学法科大学院修了

伊澤 晴輝（いさわ・はるき）　弁護士
立教大学法学部卒業，中央大学大学院法務研究科法務専攻修了

ケーススタディ 職場のLGBT
場面で学ぶ正しい理解と適切な対応

2018年11月20日　第1刷発行

編集代表　寺原　真希子

編　著　弁護士法人東京表参道法律事務所

発　行　株式会社ぎょうせい

〒136-8575　東京都江東区新木場1-18-11
電話　編集　03-6892-6508
　　　営業　03-6892-6666
フリーコール　0120-953-431
URL:https://gyosei.jp

〈検印省略〉

印刷　ぎょうせいデジタル株式会社　　©2018 Printed in Japan
＊乱丁・落丁本はお取り替えいたします
＊禁無断転載・複製

ISBN978-4-324-10537-5
(5108452-00-000)
〔略号：職場LGBT〕